AF452841

ANALYSES

DES INVENTIONS

BREVETÉES EN BELGIQUE.

ANALYSES

DES INVENTIONS

BREVETÉES EN BELGIQUE,

DEPUIS JANVIER 1842 JUSQU'A FÉVRIER 1844,

ET

TOMBÉES DANS LE DOMAINE PUBLIC.

DEUXIÈME SÉRIE.

BRUXELLES,

IMPRIMERIE DE DELTOMBE,

RUE NOTRE-DAME-AUX-NEIGES, 36.

1847.

RAPPORT[1]

SUR LA PUBLICATION DES ANALYSES DES BREVETS

TOMBÉS DANS LE DOMAINE PUBLIC,

ADRESSÉ AU MINISTRE DE L'INTÉRIEUR

PAR LE COMITÉ CONSULTATIF POUR LES AFFAIRES INDUSTRIELLES.

———

Monsieur le Ministre,

L'article 13 du règlement en exécution de la loi du 25 janvier 1817 porte :

« A l'expiration des brevets, ou lorsqu'un brevet sera déclaré nul, pour un des cas prévus par l'art. 8 de la loi du 25 janvier, le Ministre prendra les mesures convenables pour rendre publiques les découvertes et inventions qui auront été brevetées. »

[1] Il a paru nécessaire de reproduire le rapport qui a précédé la publication des premières analyses.

C'est en exécution de cet article du règlement, que le département de l'Intérieur publie périodiquement, dans le *Moniteur,* la liste des brevets tombés dans le domaine public, avec les nom et prénoms du breveté, le titre du brevet, la date de l'arrêté royal qui concède le privilége, et l'indication de la cause de la déchéance du brevet.

Mais la publication de cette liste ne saurait être regardée comme l'exécution complète ou satisfaisante de la disposition qui prescrit de prendre les mesures convenables, pour rendre publiques les découvertes et inventions qui auront été brevetées.

Il est bien vrai que le public a été informé, par le *Moniteur,* que chacun pouvait venir prendre inspection, au bureau central des brevets au département de l'Intérieur, des dessins et descriptions annexés aux brevets déchus, et en prendre même copie au besoin; mais il faut reconnaître que cette faculté est d'autant plus incomplète que, pendant une longue série d'années, on s'était fait une sorte de scrupule de conserver le titre du brevet, tel que le demandeur l'avait dicté lors du dépôt de ses spécifications au gouvernement provincial, et que ce titre, rarement exact, presque toujours ambigu, obscur ou trop général, ne fait connaître que très-imparfaitement l'objet réel et précis du brevet. Et ainsi grand nombre d'inventions sont passées en quelque sorte inaperçues, qui auraient dû fixer l'attention de nos industriels et de nos constructeurs.

Quant à la publication textuelle des dessins et descriptions annexés au brevet, on a bien songé plusieurs fois à l'effectuer, mais des difficultés de tous genres, des impossibilités même, ont chaque fois fait rejeter cette manière de satisfaire au vœu de la loi sur cet objet.

En effet, quelle dépense n'eût pas occasionné la publication de plus de huit cents descriptions, dont quelques dizaines sont des mémoires volumineux remplis de redites ou de raisonnements aussi obscurs que peu fondés, sur les faits de la science et de la pratique? Que de frais et de temps il eût fallu pour copier et graver les huit cents planches qui eussent reproduit tous les dessins annexés aux spécifications; car, s'il est bon nombre de brevets qui ne sont pas accompagnés de dessins, il en est d'autres qui ont cinq, huit ou dix feuilles de dessins souvent compliqués et d'une exécution difficile! Et comme sur dix brevets, il en est presque neuf qui seront généralement regardés comme sans valeur industrielle ou sans mérite d'invention, ces frais énormes eussent-ils pu être justifiés?

A ces considérations d'une assez haute valeur, il faut ajouter les suivantes qui sont encore d'un bien plus grand poids; c'est que plus de la moitié de ces descriptions sont défectueuses, écrites en style incorrect et obscur, quelquefois d'une fatigante prolixité, souvent d'une concision qui les rend presque inintelligibles; grand nombre de dessins sont faits à la main, grossièrement tracés et sans aucune proportion ou perspective! Car il ne faut pas perdre de vue que l'Administration n'a pas jugé nécessaire, pendant la période à laquelle se rapportent les brevets analysés, d'exiger des demandeurs de brevet, des spécifications et des dessins irréprochables; exigence qui eût mis grand nombre d'inventeurs dans le plus cruel embarras.

Il ne faut pas perdre de vue non plus, que la plupart des inventeurs sont, ou des ouvriers ne sachant manier ni la plume ni le crayon, ou des gens du monde n'ayant aucune idée du dessin des machines, aucune connaissance des sciences technologiques, ou enfin, des fabricants, très-habiles dans leur spécialité, mais, en général, très-médiocres dessinateurs. La crainte d'être devancé, en confiant ses idées nouvelles à autrui, empêche chacun de recourir à l'homme spécial qui pourrait rédiger une description, ou rendre manifeste, par le dessin, l'appareil que l'inventeur juge presque toujours comme une source infaillible de gloire ou de fortune.

L'Administration a cru devoir se borner à connaître nettement et complétement l'objet du brevet : il fallait et il suffisait que l'objet du privilége demandé fût clairement défini et reconnu, afin qu'en cas de contestation, les droits de chacun pussent être établis et limités, et l'invention livrée au public à l'expiration du brevet. Quand le dessin, quoique incorrect et grossièrement tracé, était intelligible, quand la description, quoique mal écrite, souvent grossie d'une foule de détails inutiles ou de raisonnements obscurs ou absurdes, faisait connaître clairement les idées et les prétentions de l'inventeur, le brevet était accordé aux risques et périls de l'impétrant.

Si l'on objectait qu'il eût fallu refondre ces descriptions défectueuses, les rédiger en meilleurs termes et reproduire, sur une échelle exacte, les dessins incorrects, à mesure que les brevets étaient concédés, on pourrait faire observer, et avec raison, qu'il eût été à craindre qu'en corrigeant les spécifications et en leur donnant une autre rédaction que celle de l'inventeur, on se fût exposé au reproche d'avoir altéré ses idées, d'avoir étendu ou rétréci le cercle de ses conceptions nouvelles, et de lui avoir fait dire plus ou moins qu'il n'avait dit lui-même. Cette objection devient péremptoire, lorsque l'on considère le grand nombre de brevets qui ont dû être accordés pour tant d'inventions qui se ressemblent, ou se touchent de très-près, ou pour lesquelles une phrase et même un mot de plus ou de moins, eût été une spoliation à l'égard de l'un, ou une concession imméritée faite à l'autre.

C'est par une raison à peu près semblable, qu'il eût été dangereux de publier, en entier, les seuls brevets jugés importants, en laissant de côté les neuf dixièmes de ces prétendues découvertes, absurdes en principe, ou de nulle valeur aujourd'hui, à cause de perfectionnements plus réels. Les brevetés n'eussent pas manqué de se plaindre de ce triage arbitraire et d'invoquer le texte de la loi qui ne fait pas d'exception et n'attribue nulle part à l'Administration le soin ou l'obligation de se porter juge du mérite, ou de la valeur des découvertes dont la propriété est garantie par un brevet. C'est après avoir reconnu toutes ces difficultés d'une publication complète et textuelle, et d'après cette considération, qu'un grand nombre d'inventions, sans valeur actuelle, peuvent contenir le germe de quelque perfectionnement utile et acquérir, dans l'avenir, une véritable importance, que nous avons cru devoir vous proposer, M. le Ministre, une sorte de terme moyen qui consistait à publier les analyses de tous les brevets tombés dans le domaine public, sauf à publier en entier plus tard, soit dans le bulletin du Musée, soit dans un ouvrage spécial, les dessins et la description complète du petit nombre d'inventions réellement dignes de fixer l'attention des industriels et des savants. Nous avons pensé qu'une indication exacte et sommaire de l'objet du brevet et du procédé ou mécanisme par lequel l'inventeur a proposé la réalisation de son idée, suffirait pour fixer l'attention de nos constructeurs et industriels sur la véritable portée de la découverte, leur faire connaître, en même temps, jusqu'à quel point cette invention pourrait intéresser chacun d'eux et rendre utile un examen détaillé de la description et des dessins annexés au brevet et déposés au département de l'Intérieur.

Maintenant, M. le Ministre, permettez-nous d'ajouter un mot sur la valeur intrinsèque du travail que nous avons l'honneur de soumettre à votre approbation. Nous sommes loin de nous faire illusion sur le mérite de ces analyses, dans lesquelles il a fallu *condenser* en quelque sorte la substance de dix volumes; mais on reconnaîtra que ce travail offrait plus d'un genre de difficultés. Il fallait, tout en étant clair et correct, ne rien dire de plus que l'inventeur, ne pas altérer les limites de sa pensée. Il fallait extraire souvent de vingt pages de raisonnements plus ou moins douteux et de phrases sans valeur, quelque pensée nouvelle, quelques indications spéciales très-souvent aussi mal rédigées que mal conçues; mais nous espérons, M. le Ministre, que ces analyses, quelque imparfaites qu'elles soient, suffiront pour atteindre le but utile que nous nous sommes proposé, et que les industriels, qui s'attachent au côté utile d'un document semblable, accueilleront avec faveur cette première publication.

Il est encore essentiel de faire observer que, quand l'analyse décrit un procédé propre à atteindre tel résultat, c'est toujours la pensée de l'inventeur que l'analyse exprime et non pas celle du comité, qui a dû éviter, autant que possible, de substituer son opinion à celle de l'inventeur. Ainsi donc si le résultat n'est pas exact, s'il n'est pas la conséquence vraie du procédé ou du mécanisme analysé, l'erreur énoncée doit être tout entière attribuée à l'auteur du procédé, le comité ayant dû se borner au rôle de rapporteur et indiquer quelle a été la pensée vraie ou fausse du breveté.

Grand nombre de machines ou de procédés sont si compliqués et les combinaisons de l'inventeur si peu conformes à la logique et aux principes de la science, que l'analyse en paraîtra certainement obscure et incomplète. Ce défaut était inévitable, car il est presque impossible de faire comprendre, par un résumé, ce qui est obscur ou inexact par manque de logique ou de principe.

Cette première publication comprend 427 brevets tombés dans le domaine public, depuis 1830 jusqu'au 12 janvier 1842. Les brevets expirés postérieurement à cette date et s'élevant au nombre de 540, formeront la seconde série qui pourra être publiée dans quelques mois.

Bruxelles, le 2 janvier 1845.

Les membres du comité :

(*Signés*) J. KINDT, GUILLERY, NOLLET.

Le secrétaire-adjoint,

C. DUJEUX.

INDICATION DES CATÉGORIES

OÙ SONT CLASSÉES LES DESCRIPTIONS ANALYSÉES.

1re *Catégorie.* — **Agriculture.** — Instruments aratoires, engrais, travaux et opérations qui se rapportent à l'art agricole.

2e *Catégorie.* — **Armes à feu.** — Attirails de guerre et objets qui s'y rattachent, comme amorce, cartouche, poudre, nécessaires de chasse, *etc.*

3e *Catégorie.* — **Beaux-arts.** — Instruments de précision et objets d'ameublement, instruments de musique, peinture sur verre, sculpture, gravure, impressions, reliures, bijouterie, orfévrerie, ébénisterie, *etc.*

4e *Catégorie.* Sect. A. — **Appareils à chauffer.** — Foyers, poêles, grils, fourneaux de toute espèce, préparation et économie de combustible, appareils pour chauffer les appartements.

4e *Catégorie.* Sect. B. — **Éclairage.** — Appareils à gaz, lampes, fabrication des huiles, des bougies, des chandelles, *etc.*

5e *Catégorie.* — **Arts céramiques et fabrication du verre.** — Pierres artificielles, poterie et verrerie, machines ou procédés pour travailler la poterie, la faïence, la porcelaine, le verre, les briques, *etc.*

6e *Catégorie.* Sect. A. — **Génie civil. Travail des matériaux.** — Construction des voies ferrées, des routes ordinaires, des ponts, canaux, quais, bassins, rivières, digues, écluses, bâtiments, toitures, machines et outils destinés à ces travaux.

6e *Catégorie.* Sect. B. — **Charpenterie, menuiserie, tonnellerie,** machines et outils pour débiter ou manufacturer le bois.

7e *Catégorie.* Sect. A. — **Machines mécaniques.** — Machines motrices, machines à vapeur, à mercure, à gaz, à air, *etc.*, machines hydrauliques, pompes et roues, moulins à eau, à vent, *etc.*

7e *Catégorie.* Sect. B. — **Machines et appareils appliqués aux travaux des mines;** machines à presser et à peser, élever et transporter des fardeaux, machines à hacher et à concasser.

8e *Catégorie.* Sect. A. — **Substances filamenteuses et textiles,** machines ou procédés pour préparer et fabriquer les fils et les étoffes en général, bonneterie.

8e *Catégorie.* Sect. B. — **Machines ou procédés servant à préparer et à fabriquer le papier,** les cordages et tout ce qui se rattache à ces divers genres de fabrication.

9e *Catégorie.* — **Métallurgie et travail des métaux, clouterie, serrurerie.** — Instruments et appareils qui s'y rapportent, transmission de mouvement, cordes métalliques.

10e *Catégorie.* — **Navigation et marine** comprenant toutes espèces de bâtiments et de transports par eau, *etc.*, appareils à plonger et de sauvetage.

11e *Catégorie.* — **Produits chimiques.** — Préparation et composition des produits chimiques, teinture, blanchiment et lessivage, fabrication des couleurs, des savons, des graisses, préparation des bois, des cuirs, tannages, corroierie, mégisserie, *etc.*

DESCRIPTIONS ANALYSÉES.

PREMIÈRE CATÉGORIE.

AGRICULTURE. — INSTRUMENTS ABATOIRES, ENGRAIS, TRAVAUX ET OPÉRATIONS QUI SE RAPPORTENT A L'ART AGRICOLE.

Nouvelle machine à battre le blé.

(Brevet d'invention de dix années, accordé le 8 juin 1841, au sieur Rosée, rue aux Choux, n° 7, à Bruxelles.)

La paille et les épis pleins qui y sont encore attenants, sont placés sur une table et poussés vers une roue en bois garnie de battes en fer. — Cette paille se trouve battue entre la roue et une enveloppe cannelée. Ensuite le grain est séparé de la paille par une sorte de crible et une vibration que produit un mécanisme particulier.

Appareil inventé par le sieur Vallery, dit : grenier mobile, *destiné à la conservation des grains.*

(Brevet d'importation de dix années, accordé le 12 décembre 1839, au sieur F. Prisse fils et Cᵉ, vieille chaussée de Schaerbeek, n° 270, à St-Josse-ten-Noode.)

Le grenier mobile consiste en un cylindre dont l'axe est horizontal ; ce cylindre est divisé en compartiments dans lesquels on enferme le grain que l'on veut conserver, l'air pénètre dans ces cavités au travers des toiles métalliques. — Le cylindre tourne au moyen de galets sur lesquels il pose.

Procédé de fabrication d'un nouvel engrais économique et sans bestiaux, inventé par le sieur Jauffret.

(Brevet d'importation de cinq années, accordé le 19 août 1837, au sieur Ch.-F. Bouyet, boulevard de l'Observatoire, n° 46, à Bruxelles.)

Le procédé consiste à broyer sous une roue verticale, mue par un manège et munie à sa circonférence de lames d'acier, toutes sortes de substances végétales, en même temps qu'une pompe, que la machine fait fonctionner, arrose la matière avec une lessive préparée de la manière suivante :

1° On fait agir lentement de l'eau contenant par hectolitre un kil. de chaux sur toutes espèces de plantes. 2° on mélange à 50 livres de ce liquide 400 parties de plâtre, 200 de matières fécales et urines, 50 de suie, 20 de cendres de bois, 60 de chaux, une de sel marin et 10 onces de salpêtre : la lessive qui en résulte, en la faisant agir sur 10 quintaux de paille ou 20 quintaux de bruyères ou autres plantes, suffit pour produire 40 quintaux d'engrais.

DEUXIÈME CATÉGORIE.

ARMES A FEU. — ATTIRAILS DE GUERRE ET OBJETS QUI S'Y RATTACHENT, COMME AMORCE, CARTOUCHE, POUDRE, NÉCESSAIRES DE CHASSE, ETC.

Nouvelle platine applicable aux armes de guerre et de luxe.

(Brevet d'invention de dix années, accordé le 30 juin 1838, au sieur Thonon, armurier, à Liége.)

La nouvelle platine présente cet avantage qu'en armant le fusil, une amorce vient se placer sur le piston et se trouve séparée de celles qui la suivent dans un réservoir que contient la crosse. La lecture seule de la description et la vue des plans peuvent faire comprendre cette invention et montrer en quoi elle diffère des combinaisons analogues.

Bassinet prolongé à percussion, à l'usage de toute espèce d'armes à feu.

(Brevet d'invention de dix années, accordé le 24 mars 1838, au sieur A. Ecke fils, armurier, rue Pont-d'Avroy, n° 1, à Liége.)

Sur la même platine de fusil se trouvent adaptés un bassinet et un piston, de telle sorte que, sans aucun dérangement, l'arme puisse être employée comme fusil à bassinet ou fusil à percussion. Le même chien frappant à la fois au moyen du silex sur la plaque du bassinet et sur l'amorce fulminante par son ventre.

Procédé nouveau servant à damasser les armes à feu et tranchantes.

(Brevet d'invention de dix années, accordé le 28 septembre 1838, au sieur J.-F. Crahay, armurier, à Liége.)

C'est dans la manière de superposer, souder, forger, tordre et étendre des barres de fer et d'acier que réside ce mode de fabrication des canons de fusil damassés.

Procédé servant à faire des canons de fusils laminés.

(Brevet d'invention de dix années, accordé le 22 octobre 1831, au sieur G. Pastor, à Seraing.)

Des masses de fer en forme de cylindres creux sont soumises à l'action de laminoirs à rainures à une chaleur soudante et munies de mandrins en fer sur lesquels elles s'étendent en s'amincissant. On leur donne ainsi la forme et la longueur de canons de fusils. — Vers la fin de l'opération, on peut remplacer les mandrins par du sable réfractaire dont on emplit les canons que l'on bouche à leurs deux extrémités.

Nouvelles armes à feu.

(Brevet d'importation de dix années, à partir du 1er janvier 1832, accordé le 6 octobre 1832, au sieur Chilloux, à Bruxelles.)

La baïonnette proposée n'a qu'une demi-douille munie à ses extrémités d'une mortaise destinée à recevoir un tenon. Cette baïonnette s'attache à l'arme au moyen de l'embouchoir qui retient en même temps le bois du fusil.

Nouveau système d'armes à feu rayées.

(Brevet d'importation de cinq années, accordé le 15 juin 1841, au sieur Truffaut, hôtel de Belle-Vue, à Bruxelles.)

On propose de supprimer l'évent dans les armes à feu, en enveloppant les projectiles de toile de lin, et l'on détermine en même temps l'inclinaison qu'on pourrait donner aux rayures de ces armes pour rendre le tir plus juste.

Nouveau système d'armes à feu se chargeant par la culasse, propre aux fusils et pistolets de guerre, de luxe, etc.

(Brevet d'invention de cinq années, accordé le 12 juillet 1837, au sieur Ch.-L.-J. Thonon, à Liége.)

Cette manière d'armer par la culasse se distingue en ce que cette partie de l'arme est mobile tout entière, et entraîne avec elle le tube d'amorce. — Elle s'ajuste au canon par un arrangement particulier. La platine est d'une forme particulière aussi. La cartouche renferme une petite rondelle métallique pour prévenir le crachement en arrière.

Perfectionnements apportés aux armes à feu.

(Brevet d'importation de cinq années, accordé le 27 janvier 1840, au sieur Dowling, hôtel de France, Montagne du Parc, à Bruxelles.)

Dans ces armes simplifiées, le chien est remplacé par un ressort qui s'abat lorsqu'on appuie sur la détente. — Deux exemples de ce mécanisme sont présentés par l'inventeur. On peut faire usage des capsules ordinaires, ou les remplacer par des étoupilles. — Ces étoupilles ou amorces sont des petits disques de carton dans l'intérieur desquels on place une petite boulette de poudre fulminante. — Elles sont renfermées dans un tube adapté au fusil ; au moyen d'une coulisse et d'un bouton on les fait avancer tour à tour et elles viennent se placer sur le piston.

Fusil d'un nouveau modèle.

(Brevet de perfectionnement de dix années, accordé le 23 octobre 1841, au sieur De Morneffe, rue Hydraulique, n° 6, à St-Josse-ten-Noode.)

Ce fusil est à percussion ; l'amorce est un fragment d'un long tube rempli de poudre fulminante. — Un ressort qui tombe lorsqu'on appuie sur la détente, coupe l'amorce et la frappe en même temps. — Ce ressort et la détente composent la batterie qui se trouve tout entière au-dessous du fusil.

Vernis qui forme un damas apparent sur toutes sortes d'armes et qui préserve le fer de la rouille.

(Brevet d'invention de dix années, accordé le 31 décembre 1833, au sieur Thomas Thonon, à Liége.)

Ce vernis se compose des substances suivantes :
Antimoine.
Esprit de vin.
Vitriol bleu.
Esprit de nitre.
Teinture d'acier.
Eau forte, et un mélange d'alun, de genièvre et de la chaux vive.

Nouveau système de percussion applicable à toute espèce d'armes à feu, et cartouche amorce imperméable et inaltérable.

(Brevet d'invention et de perfectionnement de quinze années, accordé le 6 juillet 1840, aux sieurs Hotton et De Beaumont, au château de Droesbeck, à Laeken.)

Le canon de l'arme, au lieu de la lumière, porte une échancrure oblique s'étendant au-dessus de la vis pleine qui forme la culasse. La cartouche porte à la partie opposée à la balle, un petit tube flexible renfermant de la poudre fulminante par le choc. — Le chien, qui est disposé d'une manière convenable, vient frapper sur ce tube amorce et détermine l'explosion qui chasse la balle en même temps qu'il ferme l'ouverture par la forme particulière de la tête.

Nouveau système d'armes à feu et à percussion, que l'on charge par la culasse.

(Brevet d'invention de dix années, accordé le 20 janvier 1833, au sieur J. Montigny, à Ixelles.)

L'arme est chargée par la culasse, un levier en forme d'étrier soulève la culasse mobile. La cartouche est placée dans le canon, et une aiguille fixée à une tige à bouton est introduite jusque contre la cartouche. — La piqure de l'aiguille opérée par le coup que l'on applique sur le bouton enflamme l'amorce de la cartouche. — Une pièce en coin, serrée par l'étrier, presse la culasse mobile contre le canon et empêche le crachement.

Perfectionnements apportés au système d'armes à feu à percussion se chargeant par la culasse, déjà breveté en faveur de l'inventeur.

(Brevet de perfectionnement de dix années, à partir du 20 janvier 1833, accordé le 16 mai 1835, au sieur Joseph Montigny, à Ixelles.)

Ce système consiste en une culasse qui peut s'ouvrir pour recevoir la charge et pour déterminer l'explosion au moyen de la piqure d'une aiguille.

Système perfectionné de culasse mobile à friction, applicable aux armes à feu portatives à silex ou à percussion, et nouvelles amorces.

(Brevet d'invention de quinze années, accordé le 30 décembre 1840, au sieur P.-C. Montigny, arquebusier, à Fontaine-l'Évêque.)

Le mémoire explique comment toute arme à silex ou à percussion peut être facilement transformée en une arme à culasse mobile à friction, exempte de crachement. On munit ces armes d'une aiguille que la batterie ordinaire fait pénétrer dans des amorces particulières.

TROISIÈME CATÉGORIE.

BEAUX-ARTS. — INSTRUMENTS DE PRÉCISION ET OBJETS D'AMEUBLEMENT, INSTRUMENTS DE MUSIQUE, PEINTURE SUR VERRE, SCULPTURE, GRAVURE, IMPRESSIONS, RELIURES, BIJOUTERIE, ORFÉVRERIE, ÉBÉNISTERIE, ETC.

Procédé servant à remplacer les caractères métalliques d'imprimerie, par des caractères faits avec une pâte de ciment, plus dur que le plomb.

(Brevet d'invention de quinze années, accordé le 13 mai 1840, au sieur E. Mariotte, rue Ransfort, n° 165, à Molenbeck-St-Jean.)

Un premier ciment, formé par parties égales de verre dur réduit en poudre et de chaux hydraulique et réduit en pâte, sert à prendre l'empreinte de la forme renfermant les caractères d'imprimerie.

Le second ciment est composé de la même manière, mais on y joint deux pour cent de noir animal. — Ce ciment, rendu liquide et chaud, est coulé dans la matrice formée par le premier ciment. On peut, avec ces pâtes qui acquièrent la dureté de métal, obtenir les empreintes gravées sur cuivre et sur étain, et couler toute espèce d'ornements, statuettes, etc.

Nouveau système de piano.

(Brevet d'invention de dix années, accordé le 1er juillet 1838, au sieur H. Lichtenthal, facteur de pianos, à Bruxelles, Montagne de la Cour, n° 80.)

Afin de gagner de l'espace et pour donner dans les pianos droits plus de longueur aux cordes de la basse, l'inventeur place ces cordes obliquement dans le corps du piano. — Les autres cordes conservent leur direction ordinaire, mais elles sont croisées par les premières et doivent pour cela se trouver dans un autre plan parallèle à celui des cordes basses. Deux tables métalliques et deux chevalets servent à obtenir cette nouvelle disposition.

Système mécanique pour la confection de la marqueterie massive, destinée à être coupée en toute épaisseur pour meubles, boiseries, parquets et objets de fantaisie.

(Brevet d'importation de dix années, accordé le 29 mai 1839, au sieur Huart, rue de la Pépinière, n° 19, à Bruxelles.)

Ce système se compose de plusieurs machines à débiter et couper le bois de toutes manières. Les pièces de bois sont fixées dans une plate-forme sur une table et pouvant tourner autour de la scie; elles sont coupées sous tous les angles, et même selon des lignes courbes. Des lattes de différents bois et de différentes couleurs sont réunies et collées ensemble, puis coupées en tringles de manière à former, en les réunissant par les sommets, des angles aigus, des étoiles, des rosaces, etc. Les détails de cette machine sont bien conçus et dignes d'attention.

Nouvelle presse à copier portative ou de bureau.

(Brevet de perfectionnement de dix années, accordé le 2 octobre 1839, au sieur Rochfort, rue des Douze-Apôtres, n° 16, à Bruxelles.)

Cette presse à copier se compose de deux cylindres retenus entre des montants comme ceux d'un laminoir. — Une vis de pression établie à chaque extrémité sert à les maintenir à la distance voulue l'un de l'autre. Les montants sont attachés à la table par des boulons de telle manière qu'ils puissent être élevés ou rabattus dans un creux pratiqué à cette table pour les recevoir. Cette disposition rend la presse portative.

Planchettes—annonces.

(Brevet d'importation de cinq années, accordé le 11 mai 1840, au sieur Lardos, rue de la Madeleine, n° 38, à Bruxelles.)

Ces planchettes, qui sont celles auxquelles on attache les journaux, portent des encadrements où se trouvent les annonces.

Instrument de chirurgie vétérinaire, à l'usage de la section de la queue du cheval.

(Brevet d'invention de dix années, accordé le 6 août 1840, au sieur Fieraert, place Ste-Claire, à Liége.)

Des ciseaux à lames larges et courbes, que fait agir une détente analogue à celle d'un pistolet, constituent cet instrument.

Piano perfectionné.

(Brevet d'invention de dix années, accordé le 22 juin 1840, au sieur Louis Janmart, fabricant de pianos, rue de la Tuerie, n° 4, à Louvain.)

Le perfectionnement consiste à faire passer entre deux petites roulettes la cheville qui guide la touche dans ses mouvements.

— 9 —

Billard chronologique et généalogique.

(Brevet d'importation de cinq années, accordé le 27 mars 1840, au sieur Lardos, rue de la Madeleine, n° 36, à Bruxelles.)

Ce billard a une table double formant un espace qui renferme des bascules portant à chaque extrémité un portrait de roi de France, et disposées de manière que les portraits supérieurs sont d'abord seuls visibles ; mais lorsque la bille en abat un, celui qui y correspond se présente par une des ouvertures pratiquées dans la bande.

Système d'annonces peintes perfectionnées, déjà breveté le 12 novembre 1838.

(Brevet de perfectionnement de dix années à partir du 12 novembre 1838, accordé le 27 janvier 1840, au sieur A. Thierry, rue de la Paille, n° 20, à Bruxelles.)

Le procédé consiste à découper dans du carton verni une annonce complète, lettres et dessins, de manière qu'en y passant une brosse imprégnée de couleur, l'affiche s'y trouve peinte sur le mur.

Confection d'un nouveau placage et application aux meubles de ménage, ouvrages d'ébénisterie et de fantaisie, ainsi qu'à des cadres pour tableaux, etc.

(Brevet d'importation de dix années, accordé le 2 mars 1840, au sieur R.-W. Urling, rue des Arts, n° 159, à St-Josse-ten-Noode.)

Ce genre de placage consiste dans l'application sur bois de peaux préparées, colorées et même recouvertes de dessins.

Impression des papiers peints au rouleau en relief.

(Brevet d'invention de dix années, accordé le 29 juillet 1839, au sieur A. Lefebvre, Marché-aux-Herbes, n° 35, à Bruxelles.)

La machine consiste en une sorte de laminoir, dont le rouleau principal en acier est gravé de manière à gaufrer le papier qui passe entre ce rouleau et le rouleau presseur en même temps qu'il reçoit la couleur, comme dans les machines à rouleau pour imprimer les cotons.

Nouvelle presse à lithographier.

(Brevet d'invention de dix années, accordé le 12 janvier 1840, au sieur Z. Raingo, chaussée d'Ixelles, n° 477, à Ixelles.)

Cette invention consiste 1° dans la disposition du châssis qui roule sur des galets et qui, après la pression, est ramené en place par l'action d'un contre-poids; 2° dans le système de leviers qui détermine la pression.

Nouveau système de communication dit : aérophonique.

(Brevet d'invention de quinze années, accordé le 9 mars 1840, aux sieurs Decrehen et Parent, rue Ste-Anne, n° 21, à Bruxelles.)

Cette conception a pour objet d'employer certains instruments de musique, tels que le cor, la trompette, etc., à transmettre des sons comme ceux de la gamme, qui formeraient un alphabet musical de convention; ces sons seraient perçus à une grande distance au moyen d'un cornet acoustique, ce qui constituerait une espèce de télégraphe.

Perfectionnements apportés au procédé servant à nettoyer les caractères d'imprimerie et les planches gravées sans l'emploi de brosses.

(Brevet de perfectionnement de quinze années, à partir du 25 mars 1841, accordé le 4 août 1841, au sieur Derottermund, rue du Persil, n° 11, à Bruxelles.)

L'appareil proposé se compose d'une chaudière en fonte dans laquelle on prépare une solution de potasse rendue caustique.—Cette lessive filtrée, chaude, passe dans un réservoir d'où une pompe foulante l'injecte dans la caisse sur les caractères pour en opérer le lavage par l'action de l'alcali sur l'huile de l'encre d'imprimerie. De cette caisse part un tube qui conduit le liquide, après qu'il a déjà agi, dans la chaudière où il se purifie et acquiert une nouvelle force dissolvante.

Procédé servant à dépolir le verre ainsi qu'à y imprimer toutes sortes de dessins.

(Brevet d'invention de dix années, accordé le 19 janvier 1840, au sieur Ed. Provost, rue des Sœurs-Noires, n° 17, à Bruxelles.)

De la céruse réduite en poudre très-fine et délayée dans de la petite bière est appliquée en couche mince sur le verre que l'on veut dépolir par places. Cette couche étant sèche, on enlève, au moyen de découpures en cuivre et d'une brosse, la céruse partout où le verre doit rester transparent. On recouvre d'une légère couche de chaux les feuilles de verre ainsi préparées et on les expose à la température rouge cerise dans un moufle.

Moules à gomme-gutte servant au moulage des ornements en plâtre.

(Brevet d'invention de dix années, accordé le 5 mars 1840, au sieur V.-J. Lecocq, plafonneur, à Assenbrouck-lez-Bruges.)

On prépare des moules flexibles que l'on pose sur l'objet en relief que l'on veut imiter. On graisse ensuite avec un pinceau et on coule le plâtre.

Nouvelle manière de produire, au moyen de verres peints, méthodiquement disposés, des effets particuliers de lumière et de perspective.

(Brevet d'invention de 15 années, accordé le 26 février 1841, au sieur Claude Gontard, rue Fossé-aux-Loups, n° 29, à Bruxelles.)

Ces effets de perspective sont produits dans une espèce de boîte d'optique où des tableaux peints sur verre, placés les uns derrière les autres, à diverses distances et éclairés par une lumière artificielle, sont vus à travers une lentille.

Procédé d'impression dite: en congrève.

(Brevet d'importation de cinq années, accordé le 24 décembre 1840, aux sieurs Héger et Schildknecht, place du Palais de Justice, n° 1, à Bruxelles.)

Système complet d'impression lithographique. Les importateurs donnent la composition des crayons propres à dessiner sur la pierre, celle de l'encre et celle de l'alliage métallique au moyen duquel ils impriment des reliefs. Le mémoire explique comment on peut arriver à imprimer plusieurs couleurs à la fois sur une même planche. Il faut absolument recourir à ce mémoire pour acquérir une idée exacte de cette invention.

Perfectionnement à adapter aux pianos, appelé par l'inventeur pianos crescendo, ayant pour objet de pouvoir rendre le crescendo, le decrescendo et la tenue.

(Brevet de perfectionnement de dix années, accordé le 22 août 1841, au sieur M.-A. Lacoste, rue basse du Moulin, n° 18, à Schaerbeck.

On ajoute aux pianos au-dessous des touches, des lames métalliques qui entrent en vibration au moyen de l'air poussé par un soufflet. On obtiendra ainsi des sons additionnels qui pourront à volonté être employés seuls, accompagner ceux du piano ou n'être pas mis en usage. — Ces sons additionnels conserveront leur valeur malgré l'humidité ou la sécheresse et pourront servir à remettre le piano d'accord.

Perfectionnements apportés à la construction des billards.

(Brevet d'invention de quinze années, accordé le 19 juillet 1841, au sieur Daniel Tempels, rue des Pierres, n° 15, à Bruxelles.)

Remplacer le bois dans la construction de tables de billards par des feuilles de marbre, d'ardoise ou de fonte de fer, que l'on recouvre de drap par les procédés ordinaires, après les avoir établies de niveau au moyen de pièces de rappel.

Horloge de clocher, laquelle se remonte par les oscillations d'une cloche mise en mouvement une ou deux fois le jour.

(Brevet d'invention de dix années, accordé le 26 février 1842, au sieur Dutront, horloger, à Beaumont.)

Les oscillations de la cloche communiquent par un encliquetage un mouvement dans un seul sens, au cylindre sur lequel est enroulée la corde qui soutient le poids de l'horloge.

QUATRIÈME CATÉGORIE.

Section A. — APPAREILS A CHAUFFER. — foyers, poêles, grils, fourneaux de toute espèce, préparation et économie de combustible, appareil pour chauffer les appartements, etc.

Combinaison de procédés et des moyens pour obtenir une économie considérable de combustible dans tous les foyers des chaudières à vapeur et autres foyers.

(Brevet d'importation de dix années, accordé le 25 juin 1839, au sieur G. De Mévius, à Bruxelles, place des Martyrs.)

C'est en faisant affluer sur le foyer la quantité d'air nécessaire à la combustion, au moyen d'un ventilateur à palettes, et en forçant l'air à circuler et à s'échauffer dans la double porte du fourneau avant d'y entrer, que l'inventeur a voulu rendre inutile l'emploi des hautes cheminées.

Perfectionnements apportés à la construction des fourneaux.

(Brevet d'importation et de perfectionnement de cinq années, accordé le 19 juillet 1841, au sieur Miles Berry, à Ixelles, rue du Berger, n° 79.)

La grille est courbe et est composée de trois grilles juxta-posées les unes à la suite des autres. Les barres de fer qui soutiennent les grilles sont creuses, pour livrer passage à autant de courants d'air qui s'échauffent dans ces barres, circulent dans la maçonnerie du foyer et vont déboucher par plusieurs ouvertures au-dessus de ce foyer et vers l'arrière, afin de déterminer une combustion plus complète de la fumée.

Appareils servant à économiser le combustible dans les cheminées d'appartements, dans les fourneaux de cuisine, et à y empêcher le refoulement de la fumée.

(Brevet d'invention de quinze années, accordé le 22 décembre 1840, au sieur Duchesne, rue Royale, n° 5, à Bruxelles.)

Ces appareils sont 1° une espèce de réflecteur parabolique qui forme le fond d'une cheminée à feu ouvert pour renvoyer la chaleur dans les appartements. On y ménage une ou plusieurs ouvertures tubulaires pour l'échappement de la fumée ; 2° une girouette munie d'un tuyau en entonnoir, recourbé à angle droit et dont l'ouverture pour l'échappement de la fumée se tourne toujours du côté opposé au vent.

Calorifère aquifère.

(Brevet d'invention de dix années, accordé le 10 octobre 1839, au sieur Mouzon, chaudronnier, à Liége.)

Ce poêle, de forme ordinaire, est muni d'une enveloppe métallique qui constitue une chaudière. Un réservoir supérieur y amène l'eau froide qui, après s'être échauffée, va elle-même servir au chauffage des appartements.

Procédé d'application de la chaleur à la fonte des minerais, métaux et autres substances métalliques ou minérales et aussi au chauffage des chaudières à vapeur, etc.

(Brevet d'importation de dix années, accordé le 12 octobre 1838, au sieur James Brown Carson, rue de la Chaussée, n° 9, à Mons.)

Construction particulière et perfectionnée des fours à coke. Disposition de canaux au moyen desquels ils sont alimentés d'air chaud. Emploi de la chaleur produite par la combustion qui transforme la houille en coke à la fabrication des alcalis dans des fours attenant au four à coke, ou bien à chauffer des chaudières à vapeur, ou bien à la fabrication du verre et à la cuisson de la porcelaine, comme aussi au travail des métaux.

Nouveau système nommé appareil fumivore, servant à empêcher toutes les cheminées de fumer quels que soient les vices de leur construction.

(Brevet d'invention de quinze années, accordé le 6 juin 1839, au sieur Arnould Voyave, à Bruxelles, rue des Bateaux, n° 46.)

C'est l'application d'une roue horizontale à palettes obliques au sommet des cheminées, qui constitue cet appareil.

Nouveau système d'appareils à air chaud, destinés à dessécher ou à carboniser le bois, chauffés par la flamme du gueulard.

(Brevet d'importation de dix années, accordé le 9 août 1839, au sieur J.-N. Morel aîné, rue St-Christophe, n° 33, à Bruxelles.)

Une cheminée d'appel est établie à côté du haut fourneau, et des conduits ou carneaux en maçonnerie partant du gueulard du haut fourneau, circulent autour et vont s'ouvrir au bas de la cheminée ; des tuyaux en fonte disposés en serpentin parcourent ces carneaux, et l'air extérieur qui les traverse, s'échauffe à une haute température, soit pour alimenter le haut fourneau par l'air chaud, soit pour carboniser ou dessécher des bois dans un four particulier.

Perfectionnements dans la composition et la fabrication du combustible et dans la construction des fourneaux propres à consommer ce combustible.

(Brevet d'importation de dix années, accordé le 25 juin 1839, au sieur R. Hayward, de Londres, domicilié à Bruxelles, hôtel de Groenendael.)

Pour préparer ce combustible on fait un mélange dans différentes proportions de coke, de houille ou de tourbe, de diverses substances animales et végétales ; de goudron, d'asphalte, de résine, d'un bitume quelconque et de matière argileuse. Ces substances, selon leur nature, sont découpées, broyées ou moulues ; on les mélange ensuite intimement et on les soumet à l'action d'une presse puissante pour en former des briquettes. — Le fourneau destiné à brûler ce combustible est disposé de manière qu'une grande quantité d'air afflue au milieu du foyer. — La description de ces appareils est très-étendue, elle contient des détails intéressants et les dessins des machines sont également remarquables.

Nouvelles méthodes et perfectionnements dans l'application de la combustion de certaines matières inflammables, pour la production et la conservation de la chaleur et de la lumière.

(Brevet d'importation de dix années, accordé le 2 mars 1840, au sieur R.-W. Urling, à St-Josse-ten-Noode, rue des Arts, n° 139.)

Produire de la chaleur en brûlant des liquides combustibles projetés en même temps que de l'air chaud sur des corps incombustibles qui deviennent incandescents. Produire de la lumière en plongeant dans des flammes peu éclairantes des fils de platine, ou mieux ces mêmes fils enduits de chaux.

L'inventeur décrit une chaudière à tubes à laquelle il applique son système pour la production de la vapeur.

Nouveau système de calorifère servant à chauffer les orangeries, les serres, les appartements, etc.

(Brevet d'importation et de perfectionnement de cinq années, accordé le 2 mars 1840, au sieur François Anoni, propriétaire, rue du Chêne, n° 28, à Bruxelles.)

Calorifère consistant en une capacité dans laquelle on place le combustible. Elle est recouverte d'une cloche en tôle. La fumée s'échappe par un tube adapté au support de la cloche. Ce support est creusé en gouttière, et la cloche posée dans cette gouttière, on établit, au moyen de sable, une fermeture analogue à la fermeture hydraulique.

Appareil régulateur, servant à diriger l'ascension de la fumée dans les cheminées et à obvier à son refoulement dans les appartements.

(Brevet d'invention de cinq années, accordé le 5 avril 1840, au sieur Delvaux, Montagne-aux-Herbes-Potagères, n° 23, à Bruxelles.)

Le moyen proposé consiste dans l'application, à la base de la cheminée, d'un clapet retenu par une crémaillère qui permet de rétrécir ou d'élargir l'ouverture de la cheminée; un entonnoir double, ouvert au-dessous du tuyau de dégagement de la fumée, traverse d'autre part la paroi de la cheminée et vient s'ouvrir à l'extérieur, dans le but d'empêcher le refoulement.

Perfectionnements apportés à l'appareil régulateur contre le refoulement de la fumée, déjà breveté le 5 avril 1840.

(Brevet de perfectionnement de cinq années, à partir du 5 avril 1840, accordé le 15 septembre 1840, au sieur Delvaux-Becquet, Montagne-aux-Herbes-Potagères, n° 23, à Bruxelles.)

(*Voir le brevet précédent.*)

Ces perfectionnements consistent dans la disposition de l'entonnoir fixé dans le tuyau vertical de la cheminée; un cône creux, à sommet fermé, est suspendu sous cet entonnoir, et lui est en partie concentrique, de manière à réfléchir à l'extérieur l'air qui sera refoulé dans la cheminée.

Nouveau moyen de carbonisation et de distillation des combustibles.

(Brevet d'invention de quinze années, accordé le 28 août 1839, au sieur Lagoutte-Delacroix, rue de l'Escalier, hôtel de l'Empereur, à Bruxelles.)

Le moyen proposé consiste à remplacer la chaleur directe des foyers, par celle d'une vapeur ou d'un gaz simple ou composé, privé d'oxygène libre, élevé à une température de 200 degrés au moins; on le fait agir sur les matières dans les appareils propres aux opérations qui ont pour but de distiller ou de carboniser ces substances.

— 15 —

Calorifères destinés aux hôpitaux et autres établissements publics.

(Brevet d'invention de dix années, accordé le 30 décembre 1841, au sieur J. Renoz, à Liége.)

Ce calorifère, de la forme d'un poêle, est muni d'une enveloppe élevée, qui porte sur la paroi latérale une chaudière; elle est traversée en outre au-dessus du foyer, par un four ouvert et surmonté d'un tuyau de dégagement qui s'élève jusque dans la cheminée.

Grille et tuyère hydraulique, applicables, l'une à toutes espèces de foyer, et l'autre au foyer des forges.

(Brevet d'invention et de perfectionnement de dix années, accordé le 2 octobre 1839, au sieur G. Pirlet, rue de la Petite-Senne, n° 15, à Bruxelles.)

Cette grille est composée de barreaux ronds et creux de manière à laisser passage à l'eau froide qui y est amenée d'un réservoir supérieur. — La tuyère qui amène l'air dans le haut fourneau est également entourée d'une enveloppe où circule de l'eau froide pour empêcher la détérioration du fer par l'action du feu.

Addition à l'objet du brevet d'invention, accordé le 9 novembre 1839 pour un poêle anglais perfectionné.

(Brevet d'addition de dix années à partir du 9 novembre 1839, accordé le 5 avril 1840, au sieur Lamal, rue de Laeken, n° 16, à Bruxelles.)

Le perfectionnement consiste à remplacer latéralement les briques qui enveloppent le foyer par un système de tubes en fonte dont l'extrémité inférieure, ouverte au-dessous du poêle, sert d'entrée à l'air qui s'échauffe dans son parcours dans le tube et se répand dans le local par l'extrémité supérieure.

Perfectionnements au système de carbonisation et de distillation des combustibles, déjà breveté le 28 août 1839.

(Brevet de perfectionnement de quinze années, à partir du 28 août 1839, accordé le 15 septembre 1840, au sieur Lagoutte-Delacroix, à Jemmapes, Hainaut.)

Le système se compose d'un four à coke dont la flamme va chauffer un générateur qui envoie sa vapeur dans un serpentin où elle est chauffée à un plus haut degré et lancée au milieu de la houille incandescente, dans le but d'activer la formation du coke.

Nouveau système de torréfaction et de carbonisation des bois, et cuisson de la chaux

(Brevet d'invention de quinze années, accordé le 5 septembre 1838, au sieur F.-G. Echement, chaussée de Gand, n° 140, à Molenbeek-St-Jean.)

L'inventeur établit dans la terre un foyer et des carneaux horizontaux en briques ou en fonte; il place le bois ou la chaux sur ces conduits, recouvre la masse ou meule d'une couche de feuilles et de terre, et active le feu au moyen d'un ventilateur.

Améliorations apportées dans l'application du système servant à torréfier les bois dans les forêts, déjà breveté le 3 septembre 1838.

(Brevet de perfectionnement de quinze années, à partir du 3 septembre 1838, accordé le 26 avril 1839, au sieur Echement, chaussée de Gand, n° 140, à Molenbeck-St-Jean.)

Les changements proposés au système précédemment breveté, consistent dans l'augmentation de distance à établir entre le bois et la conduite de chaleur, et en outre dans une augmentation de développement de ces mêmes conduits.

Système général d'économie de combustible, applicable aux poêles, fourneaux, machines à vapeur, etc.

(Brevet d'invention de dix années, accordé le 14 mars 1840, au sieur J.-G. Schmitz, rue du Musée, n° 6, à Bruxelles.)

Les inventions qui font l'objet de ce brevet ont toutes pour but soit l'économie du combustible dans les machines, soit de nouvelles combinaisons mécaniques pouvant être considérées comme des machines motrices. L'inventeur fait osciller ou tourner des cylindres munis intérieurement de palettes courbes, ou de chambres à vapeur et à air. Il propose d'activer les foyers par l'injection de poussière d'eau ; de soumettre la houille à une sorte de distillation avant de la brûler et d'utiliser les gaz pour la combustion même : les appareils à distiller le charbon sont des cylindres à compartiments qui mettent une grande surface de chauffe en contact avec le feu. Le mémoire descriptif du sieur Schmitz contient aussi la description de turbines à vapeur, étuves, fourneaux économiques et fours à coke consommant le gaz, etc.

Système de fours servant à la fabrication du coke avec toute espèce de houille, et à chauffer les chaudières des machines à vapeur.

(Brevet d'invention de dix années, accordé le 22 décembre 1840, aux sieurs Tiry, Daubresse et Fagès, à Wasmes.)

Huit fours à coke de forme circulaire sont adossés quatre à quatre en ligne droite, et une longue chaudière à vapeur est établie entre ces deux rangées de fours, de manière à ce que la flamme produite par la distillation du charbon, au lieu de s'échapper librement, soit amenée dans les carneaux sur lesquels repose la chaudière. Une seule cheminée d'appel s'élève à l'extrémité de ce fourneau composé.

Perfectionnements apportés dans la combustion de la fumée et autres matières inflammables.

(Brevet d'importation de cinq années, accordé le 30 juillet 1841, au sieur W. Butler, rue des Arts, n° 139, à St-Josse-ten-Noode.)

Ces perfectionnements consistent principalement en une espèce de râteau muni de dents disposées au-dessous de la grille et qui, moyennant un mécanisme extérieur, peut se mouvoir le long des barreaux de la grille, de manière à faire pénétrer ces pointes ou dents entre les barreaux et les nettoyer, faire tomber la cendre et les scories et activer le feu. L'inventeur décrit encore une combinaison de tuyaux qui traversent la chaudière des machines locomotives et donnent passage à l'air extérieur qui doit activer ainsi la combustion par l'air chaud. Une plaque courbe ou chapeau en tôle percé de trous recouvre les extrémités des tuyaux conducteurs de la fumée afin d'empêcher que les cendres et des charbons enflammés ne soient lancés par la cheminée de la locomotive. — D'autres perfectionnements du même genre font partie de la spécification.

Appareil économique servant à chauffer les appartements.

(Brevet d'invention de quinze années, accordé le 6 février 1841, au sieur de Rottermund, rue du Persil, nº 11, à Bruxelles.)

Derrière le feu ouvert d'une cheminée ordinaire, et un peu au-dessus, est disposée la grille d'un foyer destiné à brûler la fumée du feu ouvert. Les produits de cette double combustion circulent dans des tuyaux entourés de courants d'air qui s'échauffent et s'échappent dans l'appartement.

Perfectionnements dans la production et l'emploi du calorique obtenu de toutes les matières qui sont susceptibles de le produire, applicables au traitement des métaux, à la génération de la vapeur, etc.

(Brevet d'importation de cinq années, accordé le 26 juillet 1841, au sieur Truffaut, hôtel de Belle-Vue, à Bruxelles.)

L'inventeur applique ce qu'il appelle le chalumeau à gaz à diverses opérations industrielles, c'est-à-dire, qu'il dirige sur un foyer convenablement disposé, un jet de gaz hydrogène et un jet d'air comprimé. Les gaz inflammables peuvent provenir de la distillation de la houille, des hauts fourneaux ou de toute autre source. Il utilise la combustion active de ces gaz, au traitement des métaux et à la vaporisation de l'eau, etc., et il donne la description et les dessins d'un fourneau propre à réaliser cette application particulière.

Modèle de four servant à la distillation des charbons de terre.

(Brevet d'invention de dix années, accordé le 15 juin 1841, au sieur Bouvier, rue de Notre-Seigneur, nº 5, à Bruxelles.)

La distillation du charbon s'effectue dans des vases cylindriques en fonte, droits et superposés au milieu d'un four dans lequel sont disposés des carneaux ou conduits de la flamme de manière à entourer chaque cornue par les produits de la combustion et à permettre la charge et la décharge de chaque cornue par le seul poids du coke et du charbon à travers les fonds qui sont ensuite rétablis par la méthode ordinaire.

Appareil servant à faire du coke, à obtenir du gaz pour l'éclairage, et de la vapeur pour faire mouvoir une machine.

(Brevet d'invention de quinze années, accordé le 30 décembre 1841, au sieur E. Mariotte, rue des Fabriques, nº 35, à Bruxelles.)

Ce four à coke est disposé de manière que les gaz chauds qui se dégagent, chauffent les côtés et la partie supérieure du four. Ces mêmes gaz sont employés soit à produire de la vapeur, soit à distiller de la houille en vase clos pour produire du gaz d'éclairage.

Gril perfectionné.

(Brevet d'invention de dix années, accordé le 14 juin 1841, au sieur J. White, hôtel de Groenendael, à Bruxelles.)

Ce nouveau gril est d'une seule pièce en fonte ; il est bombé, rond ou elliptique, et est entouré d'une rigole pour recueillir le jus. Des jours sont établis au centre et dans la direction des rayons. Cet ustentile de cuisine se place sur un fourneau de forme convenable.

Section B. — ÉCLAIRAGE. — appareils a gaz , lampes, fabrication des huiles , des bougies , des chandelles , etc.

Nouveaux procédés relatifs au gaz d'éclairage provenant des huiles de résine, des huiles végétales , animales et minérales.

(Brevet d'invention de quinze années, accordé le 12 février 1838, au sieur Longchamps, à Liége, chez le sieur Keppenne, son mandataire.)

Les perfectionnements proposés ont pour objet 1° la combustion dans les fourneaux par l'air chaud ; 2° la disposition tubulaire des cornues offrant plus de surface à la décomposition des huiles ; 3° le mélange d'une certaine quantité d'eau ou de vapeur d'eau à l'huile, à l'effet d'éviter les dépôts de carbone dans les cornues.

Enfin, l'inventeur construit un régulateur pour l'émission du gaz. Le fluide doit passer dans une caisse où il ne peut s'accumuler qu'en appuyant sur une surface d'eau qui, en s'abaissant par son passage dans une autre capacité , abaisse en même temps un flotteur dont la tige, au moyen d'une balance, engage un tampon dans le tuyau conique qui donne entrée au gaz. Dès que le gaz surabondant s'est écoulé, le flotteur remonte et l'orifice d'entrée est dégagé.

Nouveau gaz appelé gaz cassola.

(Brevet d'invention de quinze années, accordé le 26 avril 1839, au sieur E. Panis, à Bruxelles , rue des Carrières, n° 10.)

Le gaz proposé est un mélange d'oxygène et d'hydrogène dans les proportions propres à la formation de l'eau ; un jet de ce mélange gazeux, enflammé et dirigé sur un fragment de chaux (oxyde calcique), répand une lumière très-brillante.

Perfectionnement au système d'éclairage par le gaz provenant des huiles de résine, etc., pour lequel il a été breveté le 12 février 1838.

(Brevet de perfectionnement de quinze années, à partir du 12 février 1838, accordé le 27 avril 1838, au sieur Longchamps, à Liége, chez le sieur Keppenne, son mandataire.)

Dans ce régulateur perfectionné (*voir l'analyse du brevet principal*), le tampon est fixé directement à la tige du flotteur, et lorsque celui-ci s'abaisse, le tampon descend dans l'orifice conique de sortie du gaz et le ferme hermétiquement, jusqu'à ce que la pression du gaz diminuant, l'eau remonte à son niveau d'équilibre et le tampon donne issue au gaz.

Globe servant à augmenter l'intensité de la lumière.

(Brevet [d'invention de quinze années, accordé le 26 février 1841, au sieur Ch. Dewitte, chemin de ronde, nº 21, à Laeken.)

Le globe de verre qui entoure la flamme est à double paroi, et l'espace ménagé entre les verres se remplit d'eau, dans le but d'augmenter l'intensité de la lumière.

Appareil à fabriquer et purifier complétement le gaz.

(Brevet d'invention de quinze années, accordé le 28 août 1839, au sieur Gme Maugham, chaussée d'Etterbeck, nº 152, à Ixelles.)

Cet appareil est composé comme ceux de l'espèce généralement employés, d'une cornue, d'un barillet, d'un laveur et d'un épurateur à la chaux; mais au delà du barillet on a ajouté un condenseur muni d'un réservoir inférieur, d'où un tube à robinet conduit le goudron dans le foyer, dans le but d'économiser le combustible.

Appareil servant à augmenter l'intensité de la lumière dans les lampes.

(Brevet d'invention de dix années, accordé le 30 octobre 1841, au sieur Pellabon, rue de Ruysbroeck, nº 32. à Bruxelles.)

Ce petit appareil consiste en un disque annulaire de métal qu'on dispose dans la cheminée de verre à la naissance de la flamme, dans le but de rendre la combustion plus complète.

Nouveau modèle de quinquet de table à un bec.

(Brevet d'invention et de perfectionnement de dix années, accordé le 30 septembre 1839, au sieur H. Hermans, lampiste, rue Cuiller-à-Pot, nº 8, à Bruxelles.)

Ce quinquet se distingue de ceux de l'espèce par l'entrée de l'air d'alimentation qui a lieu à la base de la colonne percée à cet effet, et par la disposition du réservoir à huile qui est renfermé dans le globe de manière à ne pas projeter d'ombre autour de la flamme.

Appareil servant à adapter la mèche à une lampe, et appelé place-mèche.

(Brevet d'importation de cinq années, accordé le 7 octobre 1841, au sieur Deliee, rue des Aveugles, à Laeken.)

Ce petit instrument est composé de trois branches métalliques légèrement bombées et disposées de manière à présenter une surface cylindrique. — Elles sont fixées par une de leurs extrémités à une base commune. — Par l'autre extrémité elles peuvent embrasser le tube de la lampe à laquelle on veut appliquer une mèche. Cet instrument tient la mèche ouverte et facilite la descente de celle-ci entre les tubes.

Procédés au moyen desquels on obtient, des résidus de houille, un gaz purifié pour l'éclairage.

(Brevet d'invention de quinze années, accordé le 1er septembre 1840 , aux sieurs Coutaret et Roumestant , rue des Douze-Apôtres, no 16, à Bruxelles.)

Mêler de la chaux au goudron liquide provenant de la distillation de la houille, et distiller ensuite ce mélange pour en obtenir un gaz propre à l'éclairage. — Pour transformer en gaz l'huile de goudron, on la filtre au travers de la bouse de vache, et on la distille.

Appareil économique servant à l'éclairage.

(Brevet d'importation et de perfectionnement de cinq années, accordé le 13 février 1840 , au sieur Burhin , à Genappe.)

Cette lampe se distingue par un réservoir en verre de forme ovoïde contenant l'huile, où plonge un tube, porte-mèche mobile.

Nouveau système d'épuration des huiles animales, pour les rendre propres à l'éclairage.

(Brevet d'invention de quinze années, accordé le 1er septembre 1840 , aux sieurs Coutaret et Roumestant, rue des Douze-Apôtres, no 16, à Bruxelles.)

Ce procédé d'épuration consiste à faire bouillir une huile animale avec une faible solution aqueuse de chlorure mercurique, dans le but de coaguler l'albumine et la gélatine, et d'en débarrasser l'huile.

Chandelier de sûreté.

(Brevet d'invention de dix années, accordé le 18 février 1840, au sieur G.-H. Rochfort, rue des Douze-Apôtres, no 16, à Bruxelles.)

Ce chandelier est soutenu , entre les deux branches parallèles d'un support, par une traverse qui glisse à frottement; un fil de soie suspendant par un bout un éteignoir, va traverser horizontalement le support à une certaine hauteur, de sorte que, lorsque la chandelle est consumée jusqu'au fil, la flamme le brûle et l'éteignoir en tombant éteint la chandelle.

Nouvelle lampe à pression croissante.

(Brevet d'importation de cinq années, à partir du 31 janvier 1841, accordé le 19 juillet 1841, au sieur H. Roussel, rue des Douze-Apôtres, no 4, à Bruxelles.)

L'huile se trouve dans le corps de la lampe, au-dessous d'un piston qui est tiré de haut en bas, par un système de petites tiges articulées, contraintes de se replier par l'action d'un double ressort. Un tube droit permet à l'huile de monter jusqu'au bec. Lorsque les ressorts sont entièrement détendus et que le piston est dans le fond du réservoir d'huile, on peut, au moyen d'une crémaillère et d'un petit levier extérieur, le remonter et communiquer aux ressorts une nouvelle tension.

Nouveau système d'éclairage au gaz portatif non comprimé.

(Brevet d'importation de dix années, accordé le 19 juin 1834 à partir du 18 juillet 1831, au sieur Alphonse Bodart, à Huy.)

L'importation désignée est relative à la construction de certains réservoirs ou gazomètres à fonds mobiles, entourés de cuir flexible à la manière des soufflets. L'inventeur donne le procédé qu'il croit convenable pour préparer ce cuir et le rendre à la fois flexible et imperméable.

Nouveau procédé servant à l'épuration du gaz provenant de la houille.

(Brevet d'invention de dix années, accordé le 6 juin 1840, au sieur Louis Semet, rue des Semences, à Gand.)

On propose de faire passer le gaz extrait de la houille pour l'éclairage, à travers une dissolution de chlorure ou de sulfate de fer ou de zinc, avant d'arriver à l'épurateur à la chaux, afin de l'obtenir plus pur.

Appareil destiné à l'épuration du gaz hydrogène carboné.

(Brevet d'invention de dix années, accordé le 19 mars 1833, au sieur L.-J. Chevremont, à Mons.)

Dans cet épurateur une pompe élève et déverse dans un entonnoir du lait de chaux, qu'un tube conduit dans une longue caisse où est disposé un agitateur à palettes qui opère plus complétement le lavage et l'épuration du gaz.

Candélabre-veilleuse-sciatérique à bougie-Iris.

(Brevet d'invention de dix années, accordé le 12 mai 1840, au sieur Dechangy fils, rue du Jardin d'Idalie, nº 617, à Bruxelles.)

Ce candélabre renferme deux tubes concentriques, chacun muni d'un piston que le jeu d'une colonne liquide fait monter ou descendre; la bougie repose sur le piston du tube central, et à mesure qu'elle brûle, ce piston remonte et tire la chaîne qui y est accrochée; cette chaîne munie d'un contre-poids, en passant sur une poulie, fait mouvoir un engrenage et avec lui une aiguille qui indique l'heure sur un cadran fixé à la hauteur de la flamme.

CINQUIÈME CATÉGORIE.

ARTS CÉRAMIQUES ET FABRICATION DU VERRE. — PIERRES ARTIFICIELLES, POTERIE ET VERRERIE, MACHINES OU PROCÉDÉS POUR TRAVAILLER LA POTERIE, LA FAÏENCE, LA PORCELAINE, LE VERRE, LES BRIQUES, ETC.

Procédés propres à user et à polir le verre à vitre et les feuilles de verre blanc.

(Brevet d'invention de dix années, accordé le 20 décembre 1838, au sieur T.-L. Chance, rue de la Chaussée, nº 9, à Mons.)

Les machines décrites par l'inventeur ont pour objet 1º de planer les feuilles minces de verre; 2º de polir plus parfaitement les feuilles d'une certaine épaisseur. — La première opération s'effectue au moyen du frottement par double mouvement horizontal, de deux feuilles de verre superposées, l'une immobile et posée sur une table ou ardoise, l'autre fixée à la molette supérieure chargée de poids et soumise à un double mouvement horizontal par l'action de pièces excentriques et d'engrenages bien combinés.

Dans la machine à polir, une série de polissoirs fixés à un petit axe vertical muni de ressorts et de leviers presseurs agissent sur les feuilles de verre arrangées sur une grande table. Les polissoirs reçoivent un double mouvement de va-et-vient et de rotation par un système de double manivelle alternatif et dépendant d'engrenages convenablement disposés et mus par une machine à vapeur.

Procédé servant à étendre le verre parfaitement plane sans rayures ni enfumage.

(Brevet d'invention de quinze années, accordé le 12 février 1839, au sieur Laroche, rue du Cheval, sect. 5, nº 2, à Bruxelles.)

Le four est fermé hermétiquement. Il fonctionne au moyen de deux lagres mobiles; pendant que l'un porte dans une chambre contiguë le verre qu'il a servi à étendre, l'autre revient prendre sa place pour remplir le même office dans la chambre contiguë, chauffée par le même four.

Les chariots qui portent le verre circulent dans deux galeries parallèles où les feuilles se refroidissent lentement. L'étendage se fait de l'extérieur au moyen d'un tuyau latéral par lequel on introduit les manchons.

Procédé particulier ayant pour objet la cuisson simultanée des briques, pannes, carreaux et autres objets en terre cuite, à la houille.

(Brevet d'invention de dix années, accordé le 14 août 1839, aux sieurs Josson et Delangle, rue de la Houblonnière, nº 1475, à Anvers.)

Dans la cuisson des briques on peut remplacer le bois par de la houille, en donnant au four quelques nouvelles dispositions indiquées par les inventeurs : un arrangemeut parti-culier des briques et quelques précautions assurent le succès de l'opération.

Procédé d'étamage du verre sans pression.

(Brevet d'invention de quinze années, accordé le 8 avril 1859, au sieur Laroche, à Bruxelles, rue du Cheval, n° 2.)

Cet étamage s'obtient en coulant sur les glaces posées dans un four, un amalgame de mercure et d'étain. La chaleur fait volatiliser le mercure et l'étain reste fixé sur la glace.

Colorage dans la masse et émaillage de la cristallerie taillée et moulée.

(Brevet d'importation de dix années, accordé le 16 avril 1859, au sieur Victor Delacroix, à Bruxelles, rue du Cheval, n° 2.)

Ce système de coloration des verres et des émaux repose sur le choix et la proportion de substances minérales colorantes et aussi sur la disposition du four où la fusion s'opère.

Machines à laminer, presser, étirer, et en même temps à imprimer et à graver le verre.

(Brevet d'importation de dix années, accordé le 28 août 1859, au sieur Houtart Roullier, directeur de verreries à Dampremy.)

Le verre en pleine fusion est versé dans une trémie d'où il coule sous un rouleau fixe formant l'un des cylindres d'un laminoir, l'autre cylindre est remplacé par des plaques qui se meuvent, poussées par une roue dentée et qui dans leur mouvement horizontal entraî-nent le verre. Il est ainsi transporté dans un long four qui le maintient à la température convenable; et enfin, par le même mouvement, dans un four à voûte plus élevée, où les feuilles sont dressées et recuites. Les plaques sont attachées ensemble et forment une chaîne sans fin.

Système perfectionné d'étendage ou platissage du verre sur feuille de verre.

(Brevet d'importation de dix années, accordé le 18 juillet 1857, aux sieurs Jules Frison et Andriès, à Dampremy.)

Dans ce système on ajoute dans le second four à étendre le verre, une deuxième table en pierre parallèle à celle qu'on employait déjà précédemment pour l'étendage, et au lieu de faire glisser la feuille de verre étendue sur une feuille de même matière, qui sert de support, opération qui rayait parfois la feuille nouvelle, on les fait glisser toutes deux ensemble sur une pierre additionnelle.

Procédé servant à fabriquer des lettres en porcelaine.

(Brevet d'invention de dix années, accordé le 19 juillet 1841, au sieur H. Faber fils, rue de la Madeleine, n° 13, à Bruxelles.)

Préparer de la pâte à la manière ordinaire en croûte, à l'épaisseur voulue pour les différentes dimensions des lettres, découper cette pâte sur un contour donné, en carton, en bois ou autre matière solide. Cuire sur une plaque très-droite dans un four ordinaire.

Machine à mater le verre à vitre.

(Brevet d'importation de dix années, accordé le 8 janvier 1839, au sieur A. Daems, quai au Bois, n° 5, à Bruxelles.)

Cette machine se compose d'une caisse horizontale dans laquelle on dispose à certaine distance des feuilles de verre qu'on recouvre d'une couche de gravier, de sable et d'eau ; la caisse suspendue est mise en mouvement par un balancier, et les corps durs en glissant sur le verre mouillé, le dépolissent.

Machine à fabriquer des briques, tuiles, carreaux, etc.

(Brevet d'invention de quinze années, accordé le 10 octobre 1839, au sieur Ch. Niellon, rue de la Violette, n° 39, à Bruxelles.)

Sous une caisse de bois dans laquelle on a versé une certaine quantité de terre à briques bien préparée, on fait glisser et passer à frottement des cadres munis de formes ou moules à briques. Le poids de la terre remplit les moules qui sont retirés avec le cadre pour faire place sans interruption au cadre suivant. Tout l'appareil est solidement et convenablement disposé sur un bâti peu élevé.

Perfectionnements apportés au four à étendre le verre et dans les moyens de recuire, dresser et poser le verre à plat immédiatement après l'étendage.

(Brevet d'invention de dix années, accordé le 20 octobre 1832, au sieur Houttart Cossée, à Haine-St-Pierre.)

Les nouveaux procédés consistent à étendre le verre sur des pierres mobiles portées sur des chariots de fer qui sont roulés successivement dans l'arche. Le verre est ensuite enlevé et posé à plat sur d'autres chariots mobiles qui se roulent dans un long couloir dit rayon de refroidissement. Ce rayon, partagé en plusieurs sections, reçoit d'un foyer la chaleur nécessaire pour recuire le verre.

Mécanique servant à broyer la terre et le mortier.

(Brevet d'invention de quinze années, accordé le 27 janvier 1840, au sieur Niellon, général de brigade en disponibilité, rue de la Violette, n° 39, à Bruxelles.)

La machine à broyer et à pétrir la terre se compose d'un canal élevé dans lequel la terre, amenée par des poussoirs, est soumise à l'action de nombreux hachoirs fixés à l'extrémité de bielles verticales, mises en mouvement par des excentriques tournant sur l'arbre moteur.

Nouveau procédé servant à vernisser la faïence.

(Brevet d'invention de quinze années, accordé le 23 septembre 1840, au sieur Vital Bauwens, à Tamise.)

Le vernis que l'on propose s'applique sur la faïence par le procédé ordinaire, et il se compose de minium et de terre de pipe mélangés.

Fers à piton octogone et à plaques pour faire simultanément les bagues et les embou-
chures des bouteilles avec une grande régularité.

(Brevet d'invention de dix années, accordé le 21 mai 1841, au sieur Van Leempoel, vicomte, rue des Sables,
nº 34, à Bruxelles.)

Un seul instrument contient un piton octogone qui s'enfonce dans le col de la bouteille
pour en régler l'ouverture. Une plaque qui borne l'enfoncement de ce piton et deux
branches élastiques d'une sorte de pince qui, s'appuyant sur le col à l'extérieur, forment
la bague et donnent le poli au verre. Cet instrument reçoit de la main de l'ouvrier un
mouvement de rotation.

SIXIÈME CATÉGORIE.

Section A. — **GÉNIE CIVIL. TRAVAIL DES MATÉRIAUX.** — construction des voies
ferrées, des routes ordinaires, des ponts, canaux, quais, bassins, rivières, digues,
écluses, batiments, toitures, machines et outils destinés a ces travaux.

Perfectionnements apportés au nouveau système de terrassement et d'épuisement, breveté
le 26 février 1838.

(Brevet de perfectionnement de dix années, à partir du 26 février 1838, accordé le 30 septembre 1838, au
sieur J.-M. Bernard-Chapuis, à Bruxelles, chez le sieur de Brouckere, directeur de la banque de
Belgique.)

Un levier à balance dit *Grue Sinot*, a été employé pour effectuer les terrassements et
les épuisements. Le sieur Bernard-Chapuis a perfectionné cette invention, en rendant
la grue portative et en introduisant un changement dans la position du point d'appui qui
permet un double mouvement vers la droite et vers la gauche. — Il a rendu les ferrures
plus légères et a donné plus d'utilité à la machine, en lui permettant d'agir avec plus de
célérité.

Moyens propres à prévenir et à extirper l'humidité des murs.

(Brevet d'invention de quinze années, accordé le 29 avril 1839, au sieur Kopezinski, à Molenbeck-St-Jean,
rue du Cheval Noir.)

Pour empêcher l'humidité de pénétrer à travers les murs déjà construits, on propose
de crépir les murs extérieurement, avec un mastic résineux ou bitumineux, et pour les
murs à construire, on appliquera sur les fondements, au-dessus du niveau du sol, une
couche épaisse de bitume fondu.

Perfectionnements apportés aux cheminées et aux pots de cheminées.

(Brevet d'invention de dix années, accordé le 4 novembre 1839, au sieur R.-W. Urling, à St-Josse-ten-Noode,
rue des Arts, nº 159.)

Ces cheminées sont terminées par des tuyaux ouverts de différents côtés, et munis d'un système de soupapes ou clapets liés deux à deux, de telle manière que l'impulsion du vent fait toujours découvrir les ouvertures qui doivent livrer à la fumée le passage plus facile.

Nouvelle méthode de paver les chemins, rues, cours, ponts, etc., avec du bois préparé d'après le procédé Kyan.

(Brevet d'invention de quinze années, accordé le 29 mai 1839, au sieur A. Dixon, à Bruxelles, hôtel de Groenendael.)

Pour confectionner ce genre de pavement, l'on dispose et l'on assemble d'une manière convenable, des prismes hexagonaux en bois, après que les bois ont été préparés par le procédé Kyan.

Nouveau système de chemins de fer et autres chemins à voies régulières.

(Brevet d'invention de dix années, accordé le 30 avril 1839, au sieur général comte Vandermeere, à Bruxelles, longue rue Neuve, n° 32.)

Le but de l'inventeur consiste à construire une voie ferrée, sur laquelle puissent circuler des locomotives et des voitures munies de roues sans rebord et susceptibles de passer du chemin de fer sur une route ordinaire. Sur des poutres et longerines de bois sont fixées des bandes de fer qui constituent le rail. Une pièce en bois, également munie de fer, s'élève en talus et extérieurement tout le long du rail, pour remplacer le rebord de la roue, et maintenir la voiture sur les rails. — Les voitures locomotives sont munies en avant d'un double soc de charrue, de forme particulière, que l'inventeur appelle précurseur, et qui doit déblayer exactement l'espèce de gorge sur laquelle roule tout le convoi.

Améliorations dans le système de pavage des rues, des routes et des chemins, avec des blocs ou billots (Blocks) de bois, et dans les machines ou appareils servant à couper, tailler et former de tels blocs.

(Brevet d'invention de dix années, accordé le 13 janvier 1841, au sieur C.-J. Harvey, à Bruxelles, rue de Ruysbroek, n° 86.)

Les blocs à plans inclinés sont coupés de manière à s'appuyer et à s'appliquer exactement les uns contre les autres, en laissant un système de rigoles pour l'écoulement de l'eau. La machine qui débite ces blocs consiste en un arbre coudé, poussant alternativement deux fortes pièces ou bras de fer, qui forcent les blocs à traverser une espèce de boîte sans fond, à faces planes et à vive arête en acier, de manière à couper les blocs et à les façonner, dans leur passage à travers ces boîtes ou troncs de pyramides creux.

Application de l'asphalte dite Guibert, en dallages, pavages, tuyaux et couvertures.

(Brevet d'importation et de perfectionnement de dix années, accordé le 12 juillet 1838, au sieur Morchoine, rue des Fripiers, n° 17, à Bruxelles.)

Cet asphalte artificiel se prépare en faisant fondre, à une chaleur suffisante, dans une chaudière en fer, un mélange de charbon de bois ou de houille, de résine et de goudron végétal. Ce composé sert aux mêmes usages que l'asphalte naturel.

Nouveau système de chemin de fer suspendu et mobile, et ses accessoires, consistant en chariot, moufle à engrenage, etc.

(Brevet d'importation de cinq années, accordé le 15 septembre 1840, au sieur A. Judot, rue Careveld, n° 176, à Ixelles.)

Des poutres horizontales, garnies de lames de fer et suspendues par des chaînes à des espèces de potences, constituent le chemin de fer sur lequel roulent des poulies dont la chape en fer à cheval porte et entraîne le wagon ou chariot. — La chape de la moufle à engrenage, renferme une roue dentée et son pignon. — Cette roue fait mouvoir une chaîne à la Vaucanson, qui remplace le cordon ou cable des moufles ordinaires.

Nouveau système d'échafaudage.

(Brevet d'importation et de perfectionnement de dix années, accordé le 16 octobre 1838, aux sieurs Davia et Clairin, ancien marché aux Bêtes, n° 24; à Bruxelles.)

Une longue pièce de bois suspendue verticalement à une traverse horizontale qui fait chariot, reçoit dans une gorge ou rainure pratiquée sur toute sa hauteur les rouleaux qui, au moyen de cables, élèvent et abaissent verticalement le balcon mobile.—La traverse supérieure peut rouler horizontalement sur une barre formant un chemin de fer; celui-ci est fixé par des verrins et chevalets en fer et en bois, et appuyé sur les saillies des croisées et sur des pièces de bois se serrant dans les embrasures des fenêtres. — L'ouvrier, au moyen de cordes et de poulies convenablement disposées varie la position du balcon mobile sur toute la surface extérieure de l'édifice.

Nouveaux procédés servant à monter et à descendre les pentes sur les chemins de fer.

(Brevet d'importation de cinq années, accordé le 15 octobre 1838, au sieur baron Évain, ministre d'État, rue Ducale, n° 29, à Bruxelles.)

L'invention consiste 1° à faire marcher la machine locomotive sur des rails particuliers, lorsque le convoi doit franchir une pente; ces rails sont faits en *macadamage* avec ou sans bitume, ou en bois garni de lames de métaux moins durs que le fer; 2° à modérer la descente par l'action d'un *modérateur* qui se compose de deux fortes pièces de bois posées parallèlement sur une plate-forme entre les rails et pouvant pivoter à une de leurs extrémités. Une pièce dite frotteur ou appendice, fixée solidement à la locomotive, vient dans la descente s'engager entre les poutrelles du *modérateur,* et celles-ci, poussées par de solides ressorts, font l'office du frein contre l'appendice à son passage.

Perfectionnements apportés à la construction des chemins de fer, ainsi qu'au pavage des rues et de toutes espèces de chemins et de routes.

(Brevet d'importation de dix années, accordé le 17 janvier 1840, au sieur R.-W. Urling, rue des Arts, n° 159, à St-Josse-ten-Noode.)

Les perfectionnements consistent dans diverses combinaisons de blocs de bois taillés régulièrement, assemblés et réunis par un ciment asphaltique. — Ils sont destinés à remplacer le pavage ordinaire ou à supporter les rails des chemins de fer; ces blocs, de forme convenable, sont appliqués de la même manière à la construction des routes.

Pont portatif ployant à coulisses.

(Brevet d'importation de cinq années, accordé le 31 août 1841, au sieur Protais de St-Servais, boulevard d'Anvers, n° 3, à Bruxelles.)

Un système de parallélogrammes compose une pièce solide extensible et retractile. Deux systèmes semblables sont disposés parallèlement sur un bateau au milieu de la rivière, de manière à toucher les deux bords lorsqu'ils s'étendent. — Ils servent d'appui à des traverses qui forment le tablier du pont.

Machine qui s'applique principalement au terrassement des chemins de fer et au creusement des canaux.

(Brevet d'importation de dix années, à partir du 10 novembre 1837, accordé le 30 janvier 1839, au sieur J. D. Ebingre, rue aux Laines, n° 21 , à Bruxelles.)

L'inventeur établit une espèce de chemin de fer mobile sur des chevalets. Les wagons chargés franchissent les pentes ou plans inclinés, tirés par des cables et à l'aide d'une machine à vapeur. — Ces wagons, parvenus au bout de la galerie du remblai, sont déchargés de leur terre, et ils reviennent par une voie parallèle au lieu du chargement. — Des leviers bascules sont également proposés pour opérer le déplacement des terres.

Procédé servant à garantir les constructions de l'humidité.

(Brevet d'importation de cinq années, accordé le 12 octobre 1841 , au sieur Richard, rue d'Aremberg, n° 7, à Bruxelles.)

Usage du goudron ou du bitume pour rendre les briques et la terre hydrofuges, et emploi de ces matériaux à la construction des fondations des bâtiments. — On peut aussi les appliquer aux couvertures, conduites d'eau, etc. On durcit des blocs d'argile en les tenant quelque temps dans le bitume à une haute température.

Appareils perfectionnés à adapter aux fenêtres des maisons ou à d'autres édifices , pour prévenir les accidents auxquels sont exposées les personnes employées à les nettoyer ou à les réparer, et aussi pour faciliter la délivrance des habitants d'une maison en cas d'incendie.

(Brevet d'invention de cinq années, accordé le 13 août 1841 , au sieur James Roberts, de Londres, domicilié à Bruxelles; Vieille Halle au Blé, hôtel du Lion Belge, chez le sieur Dethy, son mandataire.)

Le premier de ces appareils est une caisse ouverte qu'on attache momentanément au moyen de crochets en fer dans l'embrasure d'une fenêtre.

Le deuxième est une échelle de sauvetage composée de tringles assemblées parallèlement, qu'on peut développer en une suite de parallélogrammes et élever contre un mur au moyen d'un levier muni d'un secteur denté à encliquetage. L'extrémité supérieure de ce système est munie d'un crochet qui sert à le suspendre à un châssis de fenêtre.

Le dernier appareil est un sac de sauvetage attaché dans l'appartement et qu'on peut dresser dans l'embrasure d'une fenêtre. Une corde à nœuds ou à anneaux passant dans le sac et dans la gorge d'une poulie, permet de descendre des objets mobiliers et même des personnes.

Nouvelle fermeture de croisées.

(Brevet d'invention de dix années, accordé le 25 octobre 1853, au sieur Jean Mathieu, rue des Tanneurs, n° 56, à Bruxelles.)

La barre de l'espagnolette doit fermer la fenêtre en haut et en bas ; cette barre est composée de deux parties qui, vers le milieu de la hauteur, entrent dans un manchon commun. — Ce manchon est un véritable écrou, fileté partie à droite, partie à gauche, et dans lequel pénètrent les deux barres filetées aussi en vis en sens contraire. — Un bras adapté au manchon le faisant tourner, les deux barres s'écartent ou se rapprochent à la fois pour fermer ou pour ouvrir la fenêtre.

Améliorations dans la forme et dans la combinaison des blocs destinés à la construction de maisons ou autres bâtiments, au pavage des rues, routes, etc.

(Brevet d'invention de dix années, accordé le 16 mars 1841, au sieur Davies, à Bruxelles.)

Des blocs de bois, de forme prismatique régulière, sont liés entre eux par des tringles de fer, munies d'un côté de rainures qui reçoivent exactement les parties semblables des blocs latéraux. — Ces blocs peuvent être arrangés en séries entre deux cadres ou caissons en fonte, de manière à former des murs, des pavements, des voûtes, etc. Des vis de métal lient entre eux les parallélipipèdes qui soutiennent les cadres.

Perfectionnements dans le mécanisme applicable aux tables tournantes servant à changer la position des voitures sur les chemins de fer, perfectionnements également applicables aux roulettes pour meubles et à d'autres usages.

(Brevet d'importation de cinq années, accordé le 10 septembre 1841, au sieur E. R. Handcock, rue des Arts, n° 139, à St-Josse-ten-Noode.)

Ces perfectionnements consistent dans le système d'appui donné aux pièces tournantes. Ainsi pour les plates-formes, au lieu de galets sur toute la circonférence, il n'y a qu'un pivot central en acier, tournant dans une pièce creuse en acier, fixée sur un arbre central. Cet arbre sert de douille à un manchon ou garniture en cuivre contre lequel s'appuient les bras qui maintiennent la plate-forme. — Il en est de même des roulettes pour meubles : l'axe de rotation est terminé par un bouton en pointe qui tourne en s'appuyant dans une pièce creuse en acier, fixée au meuble que l'on veut poser et faire mouvoir sur les roulettes.

Mode de construction des fenêtres en métal.

(Brevet d'importation de cinq années, accordé le 10 septembre 1841, au sieur L. Hébert, rue des Arts, n° 139, à St-Josse-ten-Noode.)

Pour les fenêtres d'églises on supprime les meneaux, les croisillons et toutes bandes transversales, et l'on munit ces fenêtres de barres verticales à coulisses pour y glisser les carreaux de vitre taillés en biseau, les uns après les autres, du haut en bas. — On peut colorer le verre sur une face ou sur les deux faces à la fois, de manière qu'en enlevant ensuite la couleur par places, on puisse se procurer des blancs et deux couleurs différentes.

SECTION B. — CHARPENTERIE, MENUISERIE, TONNELLERIE, MACHINES ET OUTILS POUR DÉBITER OU MANUFACTURER LE BOIS.

Perfectionnements dans la construction des vaisseaux destinés à recevoir certains liquides et d'autres matières.

(Brevet d'invention de quinze années, accordé le 16 juin 1840, au sieur Ch. Humfrey, rue des Carrières, n° 5, à Bruxelles.)

L'inventeur signale les inconvénients des clous, rivets et cercles de métal pour assembler les planches ou douves des cuves en bois; il indique les clous, vis et chevilles en bois de forme particulière qu'on peut employer avec avantage pour réunir les planches. Les cuves sont calfatées avec du feutre, du carton; et des lattes superposées aux lignes de jonction, et fixées par des chevilles en queue d'aronde et fendues pour recevoir des clavettes en bois, achèvent de perfectionner l'assemblage.

Nouveau système de frottement applicable aux roulettes des meubles, aux arbres verticaux et à d'autres usages.

(Brevet d'importation et de perfectionnement de dix années, accordé le 18 juin 1839, au sieur William Newton, vieille chaussée de Schaerbeck, n° 270, à St-Josse-ten-Noode.)

Pour remplacer les roulettes ordinaires sur lesquelles reposent les pieds des meubles, on propose de disposer une sphère en partie renfermée dans une boîte où elle roule sur des galets mobiles sur leur axe.

Procédés mécaniques servant à profiler et raboter le bois, à exécuter des moulures et des sculptures en creux et en relief à la mécanique.

(Brevet d'invention de quinze années, accordé le 19 mai 1838, au sieur J.-F. Thienpont et M. Hérinckx, directeur gérant de la Société d'ébénisterie belge, rue de Terre-Neuve, n° 5, à Bruxelles.)

Les pièces de bois sur lesquelles doivent être appliquées les moulures sont fixées sur les plateaux d'un établi. — Le mouvement d'une pédale fait monter le bois et le soumet à l'action de fraises et rabots circulaires animés d'un rapide mouvement de rotation. — Ces fraises, de forme variée, tournent verticalement ou horizontalement selon l'espèce de moulure que l'on veut exécuter.

Nouvelle combinaison de mécanisme pour tourner ou former des objets ronds.

(Brevet d'importation de dix années, accordé le 30 juin 1839, au sieur Moses Poole, de Londres, domicilié à Bruxelles, hôtel de Groenendael, chez le sieur Dixon, son mandataire.)

Cette machine est une espèce de tour d'une construction très-remarquable. Les blocs de bois qui doivent être façonnés en broches, bobines, poulies, etc., sont fixés sur les axes de petits galets disposés latéralement sur la circonférence d'une grande roue. Cette roue tourne lentement, tandis que les axes qui portentles blocs dégrossis tournent très-rapidement; les blocs s'approchent ainsi de scies circulaires, fraises, rabots ou roues à burin qui sont disposés eux-mêmes sur le passage des blocs, les dégrossissent, les taillent, les coupent successivement et chacun au moment de leur passage; de sorte que quand là grande roue a accompli sa révolu-tion, tous les blocs, pendant leur mouvement de progression dans leur orbite, se sont présentés aux différents outils circulaires qui les ont façonnéspar l'effet de la rotation propre des blocs tournant en même temps et très-rapidement sur leurs axes. Les mouvements sont réglés par des poulies de diamètre convenable et par des engrenages et des pignons mus par une force motrice commune.

Nouveau procédé servant à donner à toute espèce de bois une grande souplesse, etc.

(Brevet d'invention de quinze années, accordé le 13 novembre 1841, au sieur Thonet, rue du Bois-Sauvage, nº 5, à Bruxelles.)

On trempe le bois dans une solution très-chaude de colle forte où il séjourne quelque temps. On le retire et on lui donne les formes voulues au moyen de matrices dans lesquelles on le laisse sécher. Il garde alors la forme qu'on lui a ainsi donnée.

On débite le bois en planches minces que l'on réunit par des *sergents*, en les sortant du bain de colle; on courbe ces planches superposées, et dans leur largeur on découpe plu-sieurs pièces qui se trouvent avoir toutes exactement la même courbure.

Ce procédé est applicable à la confection des meubles, des caisses de voiture et aux bordages des bateaux.

Scierie mécanique portative pour le sciage du bois à domicile.

(Brevet d'invention de dix années, accordé le 12 mai 1840, au sieur Dechangy fils, rue du Jardin d'Idalie, nº 617, à Bruxelles.)

Sur un chariot est disposée une chaîne sans fin armée de crocs entre lesquels sont posées les buches à scier; celles-ci, par le mouvement continu de la chaîne, sont déposées sur un chevalet circulaire qui les présente à l'action de plusieurs scies circulaires pour être débi-tées en autant de morceaux que l'on désire. Ce travail se reproduit sans interruption.

Scie nouvelle servant à débiter le bois de placage.

(Brevet d'invention de quinze années, accordé le 6 juillet 1840, au sieur Roy, rue du Pont-St-Jean-Népomucène, nº 2, à Bruxelles.)

La scie est un disque ou couteau muni de dents très-fines et faisant de quinze à seize cents révolutions par minute. — Cette scie, portée par un chariot, va et vient le long de la pièce de bois à débiter. — Celle-ci est fixée dans un cadre qui glisse verticalement et s'abaisse de cinq à six millimètres après chaque va-et-vient de la scie, de manière à ce que la scie-couteau opère toujours sur une nouvelle ligne. — On conçoit que ces trois mouve-ments doivent être coordonnés au moyen d'engrenages et de poulies commandés par une seule force, afin d'imprimer une parfaite régularité au système. — Les détails de cette machine sont remarquables.

SEPTIÈME CATÉGORIE.

Section. A. — MACHINES ET MÉCANIQUES. — MACHINES MOTRICES, MACHINES A VAPEUR, A MERCURE, A GAZ, A AIR, ETC., MACHINES HYDRAULIQUES, POMPES ET ROUES, MOULINS A EAU, A VENT, ETC.

Système économique de production de vapeur, destiné à remplacer le système ordinaire par une cheminée verticale à foyer intérieur et par une pompe à vapeur régulatrice.

(Brevet d'invention de quinze années, accordé le 10 octobre 1839, au sieur Maximilien Motte, ingénieur, à Marchienne-au-Pont.)

Cette chaudière est un cylindre vertical ayant intérieurement sa boîte à feu. Elle est traversée au milieu par un large tuyau pour le passage de la fumée et par une série de tubes, destinés, comme dans les chaudières de Stéphenson, à multiplier les surfaces de chauffe. La pompe alimentaire est une espèce de retour d'eau, dans lequel le liquide est successivement introduit par une pompe ordinaire, et ensuite poussé dans la chaudière par la pression même de la vapeur.

Procédé servant à remplacer, au moyen de l'air, la vapeur qui fait agir les locomotives des chemins de fer, les bateaux à vapeur et les usines.

(Brevet d'importation de dix années, accordé le 30 septembre 1839, au sieur J.-N. Houdin, rue de Ruysbroeck, n° 82, à Bruxelles.)

L'appareil destiné à remplacer la vapeur par de l'air comprimé, se compose de trois capacités; dans la première (réservoir) se trouve de l'air comprimé à quinze atmosphères. Dans la deuxième (pondérateur), l'air arrive du réservoir, mais de manière à ne pas acquérir, dans cette deuxième capacité, une force élastique de plus de trois atmosphères. L'inventeur a disposé un mécanisme qui permet et interrompt la communication entre le réservoir et le pondérateur, suivant la pression acquise dans ce dernier. — L'air arrive enfin au distributeur, et va de là fonctionner dans des cylindres, comme le ferait la vapeur. Les roues de la voiture locomotive commanderont les mouvements des glissières ou des robinets qui les remplacent.

Perfectionnements apportés aux machines à vapeur, et manière perfectionnée de chauffer ou d'évaporer les fluides, etc.

(Brevet d'importation de dix années, accordé le 4 mars 1839, au sieur R. Baston, de Londres, à St-Josse-ten-Noode, rue des Arts, n° 139.)

L'inventeur applique aux chaudières des machines à vapeur, un appareil à l'aide duquel il se propose de distiller l'eau d'alimentation avant de la fouler dans la chaudière, avec l'eau résultant de la condensation de la vapeur. Il modifie la disposition de la pompe à air, afin de recueillir cette eau de condensation. Il décrit longuement la combinaison de nouvelles chaudières ou générateurs de vapeur, formés de compartiments ou capacités isolées et fermées latéralement par des plaques de tôle, inclinées et convergentes de bas en haut et à travers lesquelles circule la flamme d'un foyer à double grille. — L'auteur dessine avec soin ces chaudières et les poêles calorifères qu'il construit d'après les mêmes principes.

Machine à vapeur rotative.

(Brevet d'importation de cinq années, à partir du 11 mai 1859, accordé le 10 juillet 1859, au sieur Ch. Durand, à Bruxelles, rue des Comédiens, no 20.)

Une machine à vapeur ordinaire est suspendue au centre d'un cercle solide et fixe. — Le piston de la machine a une double tige qui traverse des deux côtés le cylindre au moyen de boîtes à étoupes. — Des galets disposés à l'extrémité de ces tiges, vont s'appuyer obliquement contre le cercle fixe, et cette pression détermine le mouvement de rotation continu de la machine.

Nouveau mouvement dit : mouvement progressif et diminutif, applicable à toute espèce de machine.

(Brevet d'importation de cinq années, à partir du 26 septembre 1859, accordé le 16 décembre 1859, au sieur Gardié de Belleville, rue de l'Étuve, no 19, à Bruxelles.)

Sur un axe commun doivent tourner successivement plusieurs poulies dont chacune porte une douille à laquelle est fixée une roue d'engrenage. La courroie peut passer facilement d'une poulie sur l'autre, et ainsi faire tourner successivement des roues dentées ou pignons de plus en plus petits. Ces pignons, dont les diamètres vont successivement en diminuant, commandent, soit au moyen de chaînes, soit par des poulies à courroie, des roues à diamètres de plus en plus grands. De cette manière l'arbre moteur, avec une vitesse toujours égale, détermine sans secousses des vitesses de plus en plus grandes.

Nouveau moteur.

(Brevet d'invention de quinze années, accordé le 28 août 1859, au sieur Schenofsky, lieutenant-colonel, à Bruxelles.)

L'organe principal du nouveau moteur est une double capacité, ayant à peu près la forme de deux cônes réunis par leur sommet au moyen d'un tube cylindrique. La vapeur est successivement introduite dans chacun des deux cônes dont les bases sont beaucoup plus larges que la section du sommet; de cette manière la vapeur agit dans un sens sur une surface beaucoup plus grande que n'est la face plane opposée. — La double capacité doit faire ainsi un mouvement horizontal, d'une certaine amplitude. La vapeur qui vient d'agir s'échappe dans l'air, tandis que la vapeur de la chaudière est introduite dans le cône opposé pour déterminer le recul ou va-et-vient horizontal en sens inverse. Cet appareil à double cône est disposé dans un encadrement ou bâti horizontal, et c'est ce mouvement alternatif qui doit produire la force motrice.

Nouvelles combinaisons et inventions applicables aux machines à vapeur.

(Brevet d'invention de quinze années, accordé le 8 février 1859, au sieur John Arrowsmith, ingénieur,
à Bruxelles, hôtel de Groenendael.)

L'inventeur s'est proposé de rendre la machine aussi simple que possible. Le cylindre
à vapeur est fixé au-dessus même du puits d'épuisement. A la tige du piston est directement attachée la maîtresse tige des pompes. — Le condenseur est une capacité cylindrique
disposée à côté du cylindre et dans lequel un jet d'eau froide est lancé contre la vapeur
par la pression de l'eau d'un réservoir établi à vingt-six pieds au-dessus du condenseur ;
les pompes à air sont deux cylindres disposés des deux côtés de la maîtresse tige, et leurs
pistons sont mis en mouvement par la tige du piston de la machine ; les chapelles, soupapes et clapets qui distribuent la vapeur et lui livrent passage, sont aussi d'une construction particulière. La machine a moins de pièces qu'aucune machine à épuisement proposée
et construite jusqu'à ce jour.

Perfectionnements dans les pompes pour liquides et fluides aériformes.

(Brevet d'invention de quinze années, accordé le 17 août 1859, au sieur Thomas Dowling, hôtel de France,
à Bruxelles.)

Ces pompes, d'une construction toute nouvelle, se composent essentiellement d'une
espèce de boyau circulaire de cuir ou de toute autre matière flexible. Un galet en fer
roule sur ce boyau qui s'appuie et s'affaisse sur une rainure circulaire disposée dans une
épaisse planche de bois. L'eau aspirée d'un côté suit la roue ou le galet tournant, et lorsque,
dans son tour suivant, le galet rencontre cette eau, il la pousse et foule dans le tuyau
ascendant.

Nouvelles combinaisons apportées au système des machines à vapeur.

(Brevet d'invention et de perfectionnement de quinze années, accordé le 24 mai 1859, au sieur Jh. Fellows,
rue Montagne du Parc, nº 1, à Bruxelles.)

Cette machine à vapeur est à double cylindre ; et ce qui la distingue des machines de
Hall, c'est un système de distribution qui permet de neutraliser en quelque sorte la réaction de la vapeur dans le petit cylindre, lorsque celle-ci agit par expansion dans le
grand. — Cet effet s'obtient en laissant passer une partie de la vapeur du petit cylindre
de l'autre côté du piston. Après cette double course, la vapeur détendue agit une seconde
fois sur le petit piston par l'effet de la condensation qui peut être appliquée également
aux deux cylindres.

Reproducteur hydraulique.

(Brevet d'importation de cinq années, accordé le 28 novembre 1840, au sieur F.-J. Barthélémy,
à Bruxelles, rue de la Madeleine, nº 71.)

Autour d'un arbre vertical sont disposés symétriquement plusieurs tuyaux qui par leurs
bases forment un seul grand tube cylindrique, tandis que ces tuyaux latéraux s'éloignent
de l'arbre central en s'élevant et vont se courber au-dessus d'un réservoir circulaire bâti

en couronne au-dessus et autour de la machine. Un mouvement rapide de rotation est communiqué à l'arbre central et au système de tuyaux ou corps de pompes.

L'eau dont ces tubes ont été remplis, animée par la force centrifuge, s'échappe des tuyaux et tombe dans le réservoir supérieur. Un réservoir inférieur fournit continuellement de nouvelle eau au tube central et aux tuyaux montants. L'eau ainsi élevée est conduite sur une roue hydraulique, et il suffit, d'après l'inventeur, d'une partie de la force de cette roue pour entretenir le mouvement de rotation du système de tuyaux et pour produire une force motrice continue.

Perfectionnement dans les machines à vapeur.

(Brevet d'importation de cinq années, accordé le 19 juillet 1841, au sieur John Duncan, hôtel de France, à Bruxelles.)

Ce perfectionnement est essentiellement applicable aux machines à vapeur à haute pression. Une soupape d'échappement est disposée au milieu du cylindre, et lorsque le piston est près d'arriver au terme de sa course, la vapeur s'échappe ; la soupape se referme et la vapeur restante et qui n'a plus guère que la tension d'une atmosphère, passe dans un condenseur. Ainsi la machine à un cylindre fonctionne à la fois à haute et à basse pression.

Appareil dit : automoteur pneumatique, destiné à remplacer les machines à vapeur employées aux usages de l'industrie, chemins de fer, steamers, etc.

(Brevet d'invention de quinze années, accordé le 16 mai 1839, au sieur Godfraind, à Tongres.)

L'air comprimé dans un réservoir, va remplacer l'action de la vapeur dans le cylindre d'une machine ordinaire, et l'inventeur suppose que la machine elle-même peut comprimer, au moyen de soufflets, l'air nécessaire à la faire fonctionner.

Pompe de jardin à jet continu dite : Dardo-pompe.

(Brevet d'importation et de perfectionnement de cinq années, accordé le 19 juillet 1841, au sieur Tribel, chaussée de Jette, no 12, à Molenbeek-St-Jean.)

Pompe foulante très-simple qui, au moyen d'un ajutage mobile, peut lancer l'eau dans toutes les directions. — Elle est en zinc, les soupapes sont formées par des billes retombant sur un orifice circulaire ; tout l'appareil est enfermé dans un tube plus large qui sert de réservoir d'air et produit un jet continu.

Machine électro-magnétique.

(Brevet d'importation de dix années, accordé le 27 décembre 1839, au sieur R.-W. Urling, rue des Arts, no 139, à St-Josse-ten-Noode.)

Cette machine se compose de deux cercles en bois, verticaux et parallèles, à la circonférence desquels sont attachés six barreaux de fer doux équidistants ; un axe horizontal mobile passant au centre des cercles, porte des rayons terminés par des électro-aimants en fer à cheval ; sur l'axe et de chaque côté des rayons se trouve un plateau en cuivre, dont le centre et certaine pointe de la circonférence sont en ivoire, pour isoler d'une part et de l'autre suspendre, à des intervalles déterminés, l'action du courant voltaïque produit par un puissant appareil électro-moteur et agissant sur les fils multiplicateurs des électro-aimants pendant la rotation de l'axe et des pièces qu'il porte, de manière que les électro-aimants étant ainsi successivement aimantés et désaimantés, sont rendus attractifs ou indifférents pour les masses de fer fixées sur les cercles, et qu'ainsi la rotation produite peut se continuer et même changer de sens, par un mouvement imprimé aux conducteurs du courant électrique.

Perfectionnements apportés à un moulin à vent régulier.

(Brevet de perfectionnement de quinze années, accordé le 16 mai 1839, au sieur J.-H. Wathier, marché aux Bois, n° 7, à Bruxelles.)

Le moulin horizontal inventé par le sieur Wathier est composé de plusieurs bras ou leviers à l'extrémité desquels sont des ailes, palettes ou volets qui présentent leur surface et donnent prise au vent d'un côté en s'appuyant sur un arrêt, et se replient dans la direction même de l'air en mouvement, lorsque par la révolution du moulin elles arrivent dans leur position opposée.

Machine à levier, applicable à toute espèce de machines rotatives sans le secours de la vapeur ni des chevaux.

(Brevet d'invention de quinze années, accordé le 25 septembre 1840, au sieur J.-N. Duchemin, rue d'Or, n° 45, à Bruxelles.)

Le mécanisme considéré par l'inventeur comme pouvant créer de la force, consiste en une série de roues dentées mises en mouvement par des chaînes sans fin et faisant agir des leviers armés de bras courbés et en croix qui poussent les dents en rochet d'une grande roue motrice. — La première roue est mise en action par l'effort d'un homme agissant sur une manivelle.

Pompe foulante et aspirante sans cuir ni soupape au piston.

(Brevet d'invention de dix années, accordé le 20 septembre 1841, au sieur Trullemans, rue de l'Escalier, n° 44, à Bruxelles.)

Un piston plein se meut dans un cylindre muni de deux soupapes d'entrée et de deux soupapes de sortie; il aspire et foule l'eau dans chacun de ses mouvements.

Nouveau système de pompe à incendie, et pour tous autres usages.

(Brevet d'invention de dix années, accordé le 5 avril 1840, au sieur T.-H.-F. Nolle, rue du Musée, n° 6, à Bruxelles.)

Pompe simple sans frottement. — Dans cet instrument le piston est remplacé par un cylindre dont la surface se meut dans une fermeture hydraulique. Le mémoire donne la description d'un grand nombre de pompes nouvelles dont les détails sont très-multipliés et dont on ne saurait apprécier les effets qu'à l'aide des dessins.

Machine rotative servant à élever et à épuiser les eaux.

(Brevet d'importation de dix années, à partir du 30 janvier 1839, accordé le 5 octobre 1839, au sieur N. Lamal, rue de Lacken, n° 16, à Bruxelles.)

Quatre vannes ou palettes appuyées contre des ressorts peuvent sortir d'une espèce de roue solide tournant excentriquement dans une boîte cylindrique et y rentrer. — Les vannes qui sont constamment poussées contre la paroi cylindrique du corps de pompe forment les chambres à eau, dans lesquelles le liquide est successivement aspiré et foulé par la rotation continue de la roue centrale dans sa boîte hermétiquement fermée.

Machine rotative perfectionnée, applicable à une machine à vapeur, pompe à feu, pompe aspirante et foulante, moulin à eau, ventilateur et soufflet.

(Brevet d'importation de dix années, à partir du 14 août 1839, accordé le 10 décembre 1839, au sieur A. Dixon, hôtel de Groenendael, à Bruxelles.)

Cette machine à vapeur, à rotation directe, n'est que la pompe connue sous le nom de pompe américaine. Les modèles en bois de grandeur naturelle, et la pompe elle-même, se trouvent au Musée de l'Industrie, à Bruxelles. — Entre deux plateaux-disques circulent dans une chambre annulaire deux vannes à palettes mobiles. — Ces palettes s'inclinent et se relèvent en passant contre une proéminence ou partie saillante à parois inclinées, qui interrompt la chambre annulaire et sépare l'entrée de l'eau ou de la vapeur de la sortie. — Ce système très-ingénieux a été décrit et dessiné dans diverses publications.

Pompe hydrostatique.

(Brevet d'invention de quinze années, accordé le 9 novembre 1839, au sieur Bouvier, rue de Notre-Seigneur, n° 5, à Bruxelles.)

Dans cette pompe le piston ordinaire est remplacé par un tube qui est muni d'un clapet à son extrémité inférieure, passe à frottement dans un anneau de cuir embouti et se meut dans une bâche renfermant aussi un clapet. — Le jeu inverse de ces clapets pendant les oscillations du tube-piston produit l'ascension du liquide.

Machine utilisant à la fois la force élastique de la vapeur ou d'autres gaz et la réaction provenant de leur écoulement.

(Brevet d'invention de quinze années, accordé le 24 janvier 1839, au sieur Ch. Dewitte, à Bruges.)

Cette machine à rotation continue est composée d'une roue munie de quatre pistons en forme de palettes, entrant successivement dans une boîte annulaire et semi-circulaire où elles reçoivent l'impulsion de la vapeur qui s'écoule ensuite par quatre petits tuyaux qui tournent avec la roue et sont courbés de manière à utiliser la force de réaction de la vapeur indépendamment de son action directe contre les pistons. — Les pistons-palettes sont poussés et maintenus contre la périphérie du tambour au moyen de ressorts fixés au centre de la roue.

Pompe aspirante et élévatoire à jet continu, sans clapet ni soupape, dite : pompe-belge.

(Brevet d'invention de quinze années, accordé le 6 août 1840, aux sieurs Coutaret et Roumestant, rue des Douze-Apôtres, nº 16, à Bruxelles.)

C'est une machine à chapelet, composée d'une chaîne sans fin passant sur une poulie munie d'une manivelle ; cette chaîne porte à des distances égales des cylindres de bois formant piston en passant dans un tube vertical de manière à élever l'eau d'un réservoir inférieur.

Perfectionnements dans les cylindres et les chaudières des machines à vapeur et dans le mécanisme, pour donner un mouvement séparé aux roues des bateaux à vapeur.

(Brevet de perfectionnement de dix années, accordé le 19 juillet 1841, au sieur John Stewart, de Londres.)

Dans cette machine la glissière est percée à sa partie supérieure d'une ouverture disposée de manière à laisser écouler dans un réservoir adapté à la boîte à vapeur la portion de vapeur qui a agi sur le piston, et qui du réservoir passe sous le piston pour le faire remonter, avant de se rendre dans le condenseur.

La chaudière cylindrique est traversée par de nombreux tubes et se termine par une chambre à fumée où vont déboucher ces tubes. Pour appliquer deux de ces machines au mouvement d'un navire, on dispose sur les essieux des roues un chapeau mobile avec encoches pour pouvoir embrayer et débrayer, de manière à faire fonctionner à volonté une seule roue ou les deux à la fois.

Perfectionnements dans les pistons et les soupapes, et mode de lubrification des pistons, tiges, soupapes et robinets des machines à vapeur, etc.

(Brevet d'importation de dix années, accordé le 6 février 1833, au sieur R.-W. Urling, à Ixelles.)

Ces perfectionnements sont clairement décrits et représentés par de nombreux dessins dont l'étude est indispensable pour apprécier tous les détails. Les deux disques inférieur et supérieur du piston s'appuient contre un large anneau de cuivre. Les faces de jonction sont coupées en biseau et inclinées intérieurement, de manière que la vapeur, en pressant contre le piston, rapproche l'anneau de cuivre du cylindre de la machine. — Les matières grasses servant à lubrifier les parties frottantes, sont sans cesse ramenées de la pompe à air, séparées et injectées dans la machine. — Le condenseur est une caisse carrée traversée par un très-grand nombre de tubes à travers lesquels circule un courant d'eau froide. La distribution de la vapeur a lieu par un triple passage réglé par l'action d'une glissière d'une construction nouvelle.

Nouveau genre de mécanique propre à remplacer en partie les machines mues par les vapeurs.

(Brevet d'invention de dix années, accordé le 26 février 1838, au sieur Antoine Hannequart, à Cruyshautem, Flandre Orientale.)

Cette machine consiste en un volant que deux hommes font tourner. Une manivelle, faisant office d'excentrique, soulève et abaisse alternativement un bras de levier, l'autre bras, au moyen d'un double encliquetage, fait tourner toujours dans le même sens une roue dentée. L'auteur espère trouver là une grande multiplication de force.

Nouveau système de machines hydrauliques, dites : veine virtuelle ou turbine Jonval, destinée à faire marcher les usines, les papeteries et les moulins à eau.

(Brevet d'importation de cinq années, accordé le 13 août 1841, au sieur Barez-Descamps, rue du Chêne, n° 28, à Bruxelles.)

La machine hydraulique décrite est une espèce de turbine qui se compose d'un canal vertical dont l'extrémité inférieure a la forme de la veine fluide contractée. — L'eau qui s'en échappe tombe et pénètre verticalement dans une roue horizontale munie d'aubes formées par des plaques de tôle convenablement courbées et inclinées de 45 degrés sur la verticale, et de là le liquide s'écoule par des conduits inférieurs. — Cette machine diffère de la turbine de Fourneyron en ce sens surtout que l'eau, au lieu de s'échapper par des ouvertures latérales, traverse la roue et s'écoule en dessous.

Perfectionnements à l'appareil s'appliquant à tous les condenseurs des machines à vapeur opérant dans le vide, etc.

(Brevet de perfectionnements de quinze années, à partir du 16 janvier 1841, accordé le 7 octobre 1841, au sieur Bon, quai au Foin, n° 31, à Bruxelles.)

La modification proposée consiste principalement dans l'adjonction d'un cylindre creux de métal vers le haut duquel un tube reçoit le liquide de la pompe alimentaire, et un autre tube placé au fond de ce cylindre le transmet au générateur. Un ajutage à robinet fixé à l'extrémité supérieure de ce réservoir permet de laisser échapper à volonté l'air et les corps gras que l'eau y a entrainés.

Appareil s'appliquant à tous les condenseurs des machines à vapeur, opérant dans le vide et condensant par refroidissement extérieur.

(Brevet d'invention de quinze années, accordé le 16 janvier 1841, au sieur F. Bon, à Jemmapes.)

Par la disposition d'une soupape additionnelle supérieure, et la construction particulière du piston de la pompe à air, l'inventeur s'est proposé de séparer de l'eau de condensation, l'air et les matières grasses qui sont entraînés dans le condenseur. — Le piston est concave inférieurement et muni d'une ouverture ou soupape fermée par un cône de métal et disposé de manière à laisser passer l'air et l'huile et à fouler l'eau dans la chaudière.

Machine à vapeur rotative.

(Brevet d'invention de quinze années, accordé le 20 mars 1841, aux sieurs N. et F. Liévin Bauwens, à Bruxelles, rue du Musée, n° 7.)

La vapeur agit sur une certaine quantité d'eau bouillante qui est poussée dans une capacité circulaire contre les palettes obliques d'une turbine. L'eau, après avoir agi sur la turbine, passe dans une autre capacité d'où la vapeur la ramène par un nouveau circuit contre la turbine, dont la rotation dans le même sens est continue et uniforme. Les détails de cette machine sont très-remarquables, et le mécanisme qui commande l'ouverture et la fermeture des orifices de la vapeur et les mouvements de l'eau sont dignes de fixer l'attention.

Améliorations dans l'arrangement et dans la construction des roues à vannes et des roues à eau.

(Brevet d'invention de dix années, accordé le 16 janvier 1841, au sieur B. Winkles, à Bruxelles, rue de Ruysbroek, n° 86.)

Les augets sont des plaques légèrement courbes liées à la roue par un axe ou charnière autour de laquelle elles tournent librement. Une espèce de coursier en métal, suivant de très-près la courbure de la roue, maintient les vannes en position convenable lorsqu'elles doivent recevoir l'action de l'eau. Au delà du point où cesse l'action motrice, les augets ne sont plus soutenus et ils se disposent spontanément de manière à n'offrir aucune résistance à leur sortie de l'eau. Les palettes des roues motrices des bateaux à vapeur sont soutenues et disposées d'une manière analogue, au moyen d'appendices munis de galets qui roulent sur une garniture circulaire et excentrique fixe.

Nouvelles combinaisons apportées au système de machine à vapeur.

(Brevet d'invention de quinze années, accordé le 26 février 1841, au sieur Jh. Fellows, à Bruxelles, hôtel de Groenendael.)

Le brevet du sieur Fellows a un double objet : 1° un système de chaudière à vapeur composée d'une série de capacités annulaires, c'est-à-dire de chaudières cylindriques traversées par des capacités cylindriques, à travers lesquelles circule la flamme ; enfin, un cylindre ou réservoir à vapeur disposé au-dessus de toutes les chaudières à eau et communiquant avec celles-ci par autant de tuyaux particuliers ; 2° une machine à vapeur double, c'est-à-dire composée de deux machines accouplées. La première munie de deux cylindres avec leurs pistons et leurs tiges et recevant de la vapeur à haute pression ; la seconde munie d'un seul cylindre d'un plus grand diamètre et dans lequel la vapeur travaille à double effet et par expansion et par condensation. — Les soupapes d'admission et de communication offrent aussi quelques détails de construction, nouveaux et ingénieux.

Méthode perfectionnée servant à épuiser ou à élever l'eau ou d'autres liquides.

(Brevet d'invention et de perfectionnement de quinze années, accordé le 31 janvier 1841, au sieur James Hancock, marché aux Poulets, n° 1, à Bruxelles.)

Au moyen de deux tambours dont l'un tourne dans l'eau et dont l'autre est disposé à la hauteur où l'on veut élever l'eau, un ruban-corde ou courroie sans fin est mis en mouvement. — Ce ruban est recouvert d'éponges fixées par une dissolution de caoutchouc et recouvertes d'une espèce de filet ou tissu à larges mailles. L'eau adhère au ruban, et la capillarité et l'adhérence produites par l'ascension rapide du ruban entraîne l'eau jusqu'au sommet du tambour d'où elle tombe dans un réservoir ordinaire.

Procédé servant à empêcher l'adhérence des sels calcaires et ferrugineux aux parois des chaudières des machines à vapeur.

(Brevet d'invention de cinq années, accordé le 10 septembre 1841, au sieur Durff, hôtel du Nord, rue de la Montagne, n° 24, à Bruxelles.)

On empêche les incrustations de se former dans les chaudières qui produisent de la vapeur en mêlant à l'eau de l'écorce de chêne râpée et du sel marin en poids égaux. — On peut remplacer le tan par du bois de campêche; on emploie de cinq à vingt kilogrammes de ces substances selon la capacité de la chaudière.

Perfectionnements apportés aux machines à vapeur.

(Brevet d'invention de quinze années, accordé le 26 février 1841, au sieur Robert Urling, rue des Arts, n° 139, à St-Josse-ten-Noode.)

Le perfectionnement apporté aux machines à vapeur consiste à faire passer une partie de la vapeur qui a travaillé sur le piston, au-dessous de cette pièce, tandis que la majeure partie se rend au condenseur. — Un système de glissière est approprié à cette manœuvre, au moyen de laquelle l'inventeur espère obtenir une économie de force.

Appareil servant à rendre de la force aux machines à vapeur et à économiser le combustible.

(Brevet d'invention de cinq années, accordé le 24 mars 1838, au sieur Fᵈ Spineux, mécanicien, à Liége.)

Cet appareil est un nouveau distributeur de la vapeur, consistant en une boîte en partie conique et percée d'ouvertures en divers sens. Un cylindre conique, rodé sur la base cylindrique de l'enveloppe, peut tourner et s'élever dans celle-ci comme le noyau d'un robinet. Les orifices pratiqués à travers ce cône central sont mis en rapport avec les ouvertures de l'enveloppe et la distribution est variée à volonté.

Pièces nouvelles ou perfectionnées de deux machines à vapeur à expansion et sans balancier.

(Brevet de perfectionnement de dix années, accordé le 16 février 1855, au sieur Adelman, à Liége.)

L'inventeur dispose le cylindre d'une machine à vapeur destinée à l'épuisement de l'eau des mines, tout à côté du puits où descendent les tiges des pompes, de manière que la tige du piston munie de dents en crémaillère puisse faire osciller, par son mouvement de va-et-vient vertical, la poulie dentée qui commande la chaine attachée aux maîtresses tiges.

Dans ces machines à vapeur, destinées aux usines en général, l'inventeur pose solidement sur quatre colonnes de plusieurs mètres de hauteur le cylindre de la machine, de manière que la tige du piston qui traverse le couvercle inférieur puisse, au moyen d'une bielle verticale et sans aucun balancier, faire tourner directement l'arbre moteur et son volant appuyés au-dessous sur le sol.

Quelques détails de construction, tels que les soupapes et le condenseur à tubes verticaux, sont dignes d'attention.

Section B. — Machines et appareils appliqués aux travaux des mines, machines a presser et a peser, a élever et a transporter des fardeaux, machines a hacher et a concasser.

Appareil dit : vent à courant ou pompe à air servant à purifier et à renouveler l'air dans les mines.

(Brevet d'invention de dix années, accordé le 10 septembre 1828, et prolongé de cinq années, à partir du 10 septembre 1836, par arrêté royal du 20 mars 1838, au sieur J. Briscot, maître porion à la houillère du Phœnix, à Dampremy, près de Charleroy.)

Les oscillations d'un balancier mettent en mouvement les deux pompes à air qui doivent purifier l'air dans les mines. — Ces pompes se composent de capacités cylindriques munies de clapets et de châssis fixes munis également de clapets pour la sortie de l'air. — Les capacités montent et descendent dans un tuyau en maçonnerie d'un diamètre presque égal, de manière que quand les pompes descendent, l'air entre dans les capacités, et quand elles montent, cet air soulève les clapets des châssis fixes et s'échappe à l'extérieur.

Nouveau moyen pour l'épuisement et la ventilation des mines à l'aide de l'air comprimé.

(Brevet d'invention de quinze années, accordé le 11 mai 1833, au sieur A. Jobard, à Bruxelles.)

Pour éviter les inconvénients qui résulteraient de l'emploi d'une machine à vapeur au fond d'une mine de houille, on place cette machine au-dehors, mais on l'emploie à comprimer de l'air qui, se rendant au fond de la bure, fonctionne comme le ferait de la vapeur dans une machine analogue aux machines à vapeur. — L'air qui a travaillé sur le piston contribue à la ventilation des galeries lorsqu'il sort de la machine. — Ce même air comprimé peut être employé à produire l'épuisement des eaux par un jet continu hors des travaux.

Cric perfectionné dit : cric England, servant à lever des locomotives et d'autres objets d'un grand poids et à les déplacer ensuite horizontalement.

(Brevet d'invention de quinze années, accordé le 30 septembre 1839, au sieur George England, à Bruxelles, marché aux Poulets, n° 1.)

Les montants qui portent le cric, reposent solidement sur un chariot pouvant se mouvoir horizontalement le long de deux barres fixées parallèlement par deux traverses. Une vis également horizontale fait avancer le chariot et le cric comme dans les tours et les outils à planer.

Nouveau système d'épuisement de l'eau des galeries et des puits des mines.

(Brevet d'importation de dix années, accordé le 17 janvier 1839, au sieur Adcock, rue de la Chaussée, n° 9, à Mons.)

Pour extraire l'eau du fond des mines, on peut la faire traverser par un courant d'air très-rapide qui l'entraîne avec lui et la fait retomber à la surface du sol sous forme de pluie. — Il faut, au moyen d'une machine soufflante, faire pénétrer cet air dans un réservoir placé au fond de la bure et dans lequel afflue l'eau. — Un tube muni d'un entonnoir renversé est placé à la partie supérieure du réservoir et conduit jusqu'en haut le courant d'air chargé d'eau.

Perfectionnement au système d'épuisement de l'eau des mines, système déjà breveté le 17 janvier 1839.

(Brevet de perfectionnement de dix années, à partir du 17 janvier 1839, accordé le 30 octobre 1839, au sieur Sidney Adcock, rue de la Chaussée, n° 9, à Mons.)

Le perfectionnement a pour objet de faire connaître que ce ne sont point les tubes dessinés et leur disposition particulière dont l'inventeur a voulu se garantir la propriété, mais bien l'idée d'effectuer l'épuisement sans l'emploi de pompes ou d'appareils analogues en usage avant lui.

Grue de sauvetage en cas d'incendie dite : Salvator.

(Brevet d'invention de dix années, accordé le 17 avril 1838, au sieur baron Thierry Van Lockhorst, à Bonlez.)

La machine que l'inventeur appelle salvator, est une échelle composée de plusieurs pièces et formant comme un plan incliné le long duquel peuvent monter et descendre des caisses ou instruments de sauvetage. — L'appareil est porté sur un chariot et soutenu de manière à pouvoir pivoter ; à l'extrémité supérieure sont disposés des poulies et câbles pour élever des espèces de corbeilles et au besoin des pompiers munis de leurs outils de travail.

Améliorations apportées à une machine de sauvetage en cas d'incendie, dite : Salvator, déjà brevetée le 17 avril 1838.

(Brevet de perfectionnement de quinze années, à partir du 7 avril 1838, accordé le 1er juillet 1838, au sieur baron Thierry Van Lockhorst, à Bonlez, Brabant.)

Les perfectionnements consistent dans certaines modifications apportées au mécanisme et qui rendent les manœuvres plus faciles. Un pont volant peut s'appliquer de l'extrémité de l'échelle sur la fenêtre d'où l'on veut sauver des personnes, et diriger plus sûrement les secours. — Des supports mobiles donnent plus d'assiette à la machine.

Nouvelle roue à réaction, servant à utiliser l'air vicié que des pompes à air projettent hors des mines.

(Brevet d'invention de quinze années, accordé le 18 février 1840, au sieur W. Taylor, boulevard de l'Observatoire, n° 43, à Bruxelles.)

L'air vicié projeté hors des mines sort par un tube muni d'une machine à réaction, qui est la roue américaine perfectionnée. — Cette roue, mise en mouvement par la réaction de l'air, peut servir de moteur.

Goniomètre souterrain destiné à remplacer la boussole dans les mines où il se trouve des substances magnétiques ou des chemins de fer.

(Brevet d'invention de cinq années, accordé le 16 janvier 1841, au sieur P.-J. Durieux, ingénieur au Pery, n° 32, à Liége.)

Cet instrument se compose d'un demi-cercle horizontal muni d'une boussole et d'une alidade avec vernier ; une seule vis fixée à cette alidade, un cercle vertical gradué, les pinnules, un niveau à bulle d'air, un fil à plomb et une vis de rappel complètent cet instrument.

———

Nouveau système d'aérage au moyen des foyers et cheminées des chaudières à vapeur.

(Brevet d'invention de quinze années, accordé le 3 décembre 1839, au sieur Napoléon Néron, marché aux Poulets, n° 1, à Bruxelles.)

Dans ce système, le foyer d'appel de la cheminée d'aérage d'une mine se trouve remplacé par le foyer de la chaudière de la machine à vapeur ; à cet effet, une galerie se rendant du puits d'aérage au cendrier est le seul conduit qui fournisse l'air nécessaire pour alimenter la combustion.

———

Ventilateur sans palette propre à renouveler l'air dans les houillères et à être employé dans les fonderies, les forges, etc.

(Brevet d'invention de quinze années, accordé le 25 novembre 1840, au sieur F.-C. Montigny, à Fontaine-l'Évêque, Hainaut.)

Le ventilateur du sieur Montigny est une espèce de roue horizontale, composée de trois chambres formées par des cloisons courbes en tôle, dans lesquelles l'air vient s'engouffrer par la rapide rotation communiquée au ventilateur.—Ce mouvement de l'air doit produire une aspiration au-dessous de l'appareil et un courant ascendant au-dessus.

———

Moyen servant à soustraire l'exploitation des mines de houilles aux chances d'explosions.

(Brevet d'invention de quinze années, accordé le 31 décembre 1840, au sieur Magny, négociant, place des Barricades, n° 1, à Bruxelles.)

On éclaire les mines au moyen de lanternes ou lampes recouvertes d'une cloche de verre. La combustion est alimentée par de l'air provenant du réservoir à air comprimé et qui est conduit sous la cloche par des tuyaux flexibles. Les cloches reposent sur une vasque remplie d'eau. La fumée sort de la cloche par un tube recourbé qui contient une certaine quantité d'eau pour empêcher l'accès de l'air extérieur.

———

Cric perfectionné servant à lever ou à placer des corps pesants, également applicable à l'emballage et à la compression de marchandises et autres substances.

(Brevet d'importation de cinq années, accordé le 15 juin 1841, au sieur Urling, rue des Arts, n° 139, à St-Josse-ten-Noode.)

Les perfectionnements consistent dans le mécanisme, au moyen duquel s'élève la vis qui porte le chapeau du cric. La manivelle fait tourner une vis sans fin engrenant avec les dents d'un pignon qui fait tourner l'écrou fixe et fait monter la barre de l'outil. L'inventeur dessine encore d'autres systèmes d'engrenages pour obtenir plus de force en sacrifiant de la vitesse d'ascension.

Nouvelle lampe de sûreté servant à l'éclairage des mines à grisou.

.(Brevet de perfectionnement de quinze années, accordé le 11 juin 1841, au sieur Rocour, rue du Berger, nº 74, à Ixelles.)

La flamme de cette lampe est entourée d'un double verre , l'air traverse un anneau en toile métallique disposé au-dessus de la flamme , passe entre les deux cylindres de verre concentriques et traverse un second anneau en toile métallique pour venir alimenter la combustion. Une cheminée conique en tôle entourée de toile métallique surmonte le verre intérieur et termine la lampe.

Moyen de préserver d'explosion ceux qui ouvrent la lampe de sûreté dans un mélange détonant.

(Brevet d'invention de dix années, accordé le 19 juillet 1841, au sieur G^{me} Lambert, conducteur des mines, à Mons.)

On dispose près du bec de la lampe un petit crochet denté, retenu par une extrémité au moyen d'un clou rivé, et libre par l'autre extrémité qui descend, tire la mèche et la force à s'éteindre lorsqu'on dévisse le réservoir à huile; à cet effet, on fait passer le bout de la mèche opposé à celui qui brûle par une ouverture pratiquée près du porte-mèche et l'on y fait un nœud pour l'empêcher de retomber dans l'huile.

Machine servant à extraire les minerais et à épuiser les eaux des mines par le moyen de câbles verticaux sans fin, machine dite : d'extraction ou d'exhaure continue.

(Brevet d'invention de quinze années , accordé le 15 janvier 1841, au sieur Le Hardy de Beaulieu, à Ixelles , rue du Berger, nº 74.)

Sur une forte charpente en chêne disposée au-dessus de la bure ou du puits d'épuisement, sont appuyés les axes de deux poulies jumelles recevant dans leur gorge les deux câbles en fil de fer, munis de traverses qui les lient de 25 en 25 mètres et qui constituent une espèce de chaîne sans fin.

C'est aux traverses que s'accrochent les bacs ou wagons remplis de charbon ou d'eau que l'on veut élever au jour. — Deux machines à vapeur horizontales font tourner les pignons commandant la rotation lente et continue des deux poulies qui déterminent le mouvement de la chaîne sans fin et l'ascension de la charge divisée à volonté.

Nouveau système d'échafaudage et grue de nouvelle construction.

(Brevet d'invention de quinze années, accordé le 31 janvier 1841, au sieur P. Bossard, dit Bertrand , petite rue des Bouchers, nº 9, à Bruxelles.)

Une série de lames ou traverses liées à leurs extrémités par des boulons et formant des parallélogrammes dont les côtés peuvent se replier les uns sur les autres ou s'écarter , est disposée au pied d'un mât vertical. — Une chaîne ou corde liée aux extrémités des deux premières traverses, va passer dans la gorge d'une poulie fixée au sommet du mât, et redescend pour s'enrouler sur l'arbre d'un treuil. En mettant ce treuil en action, la corde tire les parallélogrammes qui s'étendent et montent en portant la charge à la hauteur voulue. La grue est encore un grand mât servant d'appui à une espèce de bascule, portant une poulie mobile dont la corde est tirée par un treuil ordinaire.

Ventilateur hélicoïdal, destiné à la ventilation des mines.

(Brevet d'invention de cinq années, accordé le 11 mai 1840, au sieur Lacambre, hôtel Cluysenaer, à Bruxelles.)

Ce ventilateur est une espèce d'hélice qui, étant disposée convenablement vers le haut du puits d'aérage d'une mine, reçoit un mouvement de rotation et détermine le renouvellement de l'air.

Nouvelle machine d'épuisement à deux cylindres et à double effet.

(Brevet d'invention de quinze années, accordé le 3 juin 1841, aux sieurs Ant. Cornez et Cⁱᵉ, à Wasmes.)

La machine se compose de deux cylindres disposés verticalement au-dessus de la bure d'épuisement. Les deux cylindres sont de diamètre différent de manière à travailler dans le second cylindre par la détente de la vapeur à haute pression qui a fonctionné dans le petit cylindre. — Les tiges des pistons sont fixées directement à deux *maîtresses tiges* qui mettent en mouvement les pistons des pompes d'épuisement.

Perfectionnements aux machines à épuisement à l'usage des mines.

(Brevet d'invention de quinze années, accordé le 30 mars 1840, au sieur Thᵉʳᵉ Jaspar, rue de Nimy, nᵒ 58, à Mons.)

Deux pompes, dont les pistons montent et descendent alternativement, sont mises en mouvement par un système d'engrenages et par une manivelle de machine à vapeur ; les tiges du piston sont guidées par des châssis à double crémaillère entre lesquels tournent des pignons semi-dentés. Cet ensemble constitue la machine à épuisement.

Machine à moudre toutes sortes de bois de teinture.

(Brevet d'importation de cinq années, accordé le 12 novembre 1838, au sieur W. Wood, blanchisseur teinturier, à Borgerhout-lez-Anvers.)

Un cylindre tournant sur son axe horizontal est muni de cannelures armées de scies. Une vis fait avancer une pièce de bois nommée tête à piques, qui se meut dans une boîte. On dépose le bois de teinture dans cette boîte. — Il est poussé vers le cylindre par la tête à piques, et celui-ci, par sa rotation rapide et à l'aide des scies dont il est armé, moud ou plutôt déchire le bois et le réduit en poudre.

HUITIÈME CATÉGORIE.

SECTION A. — SUBSTANCES FILAMENTEUSES ET TEXTILES, MACHINES OU PROCÉDÉS POUR PRÉPARER ET FABRIQUER LES FILS ET LES ÉTOFFES EN GÉNÉRAL, BONNETERIE.

Métier servant à tisser des étoffes de laine, de fil et de coton.

(Brevet d'importation de dix années, accordé le 25 juin 1839, au sieur D. Bell, hôtel de Groenendael, à Bruxelles.)

Le rouleau qui porte la chaîne est disposé verticalement au-dessous de l'ensouple sur lequel s'enroule l'étoffe; les lames tirent les fils de chaîne horizontalement, et le peigne horizontal est fixé par ses extrémités au battant qui frappe de bas en haut et dont l'action mécanique peut être réglée par un contre-poids variable.

Le mécanisme qui lance la navette à travers ce métier, destiné principalement au tissage des draps, est également neuf et ingénieux. Enfin, le battant frappe contre un bourrelet élastique qui le fait redescendre dès que le fil de trame a été serré convenablement.

Machine propre à encoller et à sécher les fils de chaîne, de coton ou d'autres substances filamenteuses.

(Brevet d'importation de cinq années, accordé le 6 juin 1839, au sieur James Windsor, à Gand, rue Royghem, no 41.)

Une longue bâche reçoit l'eau chaude et la colle qui doivent enduire la chaîne. Un vase supérieur est traversé par un courant de vapeur qui échauffe le liquide préparé destiné à alimenter la bâche. — La chaîne, guidée par des rouleaux, descend dans la colle, s'avance sous le liquide et sort de la bâche pour passer entre des cylindres presseurs et chauffeurs, d'où les fils de chaîne sont enroulés sur le tambour du métier à tisser.

Nouveau système de cordage et de filage des laines à chaud.

(Brevet d'invention et de perfectionnement de quinze années, accordé le 6 juin 1839, au sieur Ch. Van Lede, rue de l'Impératrice, no 8, à Bruxelles.)

Des caisses en cuivre de peu d'épaisseur sont disposées sous les tambours des cardes à laine. Ces caisses reçoivent de la vapeur et les grands tambours sont échauffés par le calorique rayonnant de ces caisses formées en segments concentriques. Les boudins de laine sont ensuite tordus en corde pour passer au peignage, où ils sont pressés entre deux rouleaux et posés sur un long tuyau de cuivre où circule de la vapeur.

Le peigne fixe est en contact avec ce tuyau à vapeur, de sorte que pendant tout le peignage à la main les dents du peigne fixe et la laine elle-même sont échauffées convenablement.

Machine à filer en fin la laine, le coton, le lin, le chanvre et toutes matières filamenteuses employées pour la fabrication des tissus, etc.

(Brevet d'importation de dix années, à partir du 22 janvier 1839, accordé le 27 août 1839, au sieur Pelleport, Montagne du Parc, n° 7, à Bruxelles.)

Cette machine est une carde fileuse en fin ; elle est composée de deux cylindres peigneurs, garnis de rubans de cardes disposés en anneaux de manière à laisser entre eux un cercle vide. — Les cardes du second cylindre peigneur correspondent aux vides du premier, de cette manière le cardage ou peignage détermine la formation de rubans, lesquels vont passer au travers de petits cylindres dits : *cylindres fileurs*, animés d'un rapide mouvement de rotation ; ces cylindres portent un crochet qui guide les fils sur des bobines horizontales. C'est la rotation bien réglée de ces petits cylindres percés qui opère la torsion des fils, en même temps que la rotation des bobines opère une double torsion.

Templet perfectionné propre au tissage et ayant pour objet de tendre l'étoffe dans sa largeur au fur et à mesure de sa fabrication.

(Brevet d'importation et de perfectionnement de cinq années, accordé le 16 mars 1841, au sieur John S. Worth, hôtel de Belle-Vue, à Bruxelles.)

Les lisières de l'étoffe convenablement tendues sont accrochées aux dents courbes de deux petites roues ou viroles garnies de dents ou aspérités crochues et inclinées dans le sens oppposé à l'avancement du tissu pendant le tissage. Chaque rondelle–templet tourne librement autour de son axe, lequel est fixé dans une garniture de métal que l'on visse des deux côtés sur la charpente du métier. — A mesure que l'étoffe s'enroule, elle fait faire elle-même à la rondelle une petite partie de révolution ; quelques dents se dégagent et d'autres se présentent pour accrocher le tissu et le maintenir constamment tendu.

Perfectionnement dans la construction du templet.

(Brevet de perfectionnement de cinq années, à partir du 16 mai 1841, accordé le 13 août 1841, au sieur J.-S. Worth, à Bruxelles, hôtel de Belle-Vue.)

Le principal perfectionnement consiste dans la manière de fixer le templet au bâti et de disposer obliquement les dents de la rondelle, qui sont recouvertes latéralement par un rebord de cuivre. — Une vis régulatrice permet de rapprocher ou d'éloigner les rondelles, de manière à tendre plus ou moins l'étoffe.

Perfectionnements dans une machine à ramer et à sécher les draps.

(Brevet de perfectionnement de dix années, accordé le 18 mars 1839, au sieur Jh. Visé, à Liége.)

Aux deux extrémités d'un arbre central, sont disposées deux plaques à jour garnies de tringles munies de crochets. — La pièce de drap, convenablement tendue, est fixée par le bout à une barre parallèle à l'arbre ; et les lisières sont accrochées des deux côtés aux dents des tringles, en même temps que l'arbre tourne de manière à tendre le drap et à le disposer en spirale autour de cet arbre. Les plaques à tringles peuvent être écartées à volonté, à l'effet de régler la tension du drap dans le sens de sa largeur, et des rouleaux presseurs tirent l'étoffe dans sa longueur pendant l'accrochage. L'air circule librement sur toute la surface du drap qui sèche rapidement par la rotation que l'on communique à tout le système.

Perfectionnements apportés aux métiers à tricoter.

(Brevet d'importation de cinq années, accordé le 19 juillet 1841, au sieur Ed. Nerot, hôtel de France, à Bruxelles.)

Cette machine à tricoter se distingue surtout par une série de crochets qui remplacent les platines des métiers en usage, et par l'ingénieux mécanisme qui commande les mouvements des pièces. Les détails nécessaires pour en faire comprendre le jeu ne sauraient être consignés dans une analyse. La description et les dessins, d'ailleurs très-corrects, sont dignes d'attention.

Appareil à placer devant les cardes pour obtenir le fil gros.

(Brevet d'invention de dix années, accordé le 30 juillet 1841, aux sieurs David, Thuriaux et Doutté, rue des Grandes Rames, à Verviers.)

La carde, au lieu de débiter la laine en ploquets, la livre, par l'action d'un peigne détacheur, à des cylindres de pression. — De là la laine passe à travers une série de tubes animés d'un rapide mouvement de rotation, où, après avoir été pressée et étirée, elle reçoit un premier degré de tondage, et subit immédiatement une première préparation.

Appareil chauffé par la vapeur ou par l'eau chaude, et destiné à sécher les étoffes de laine.

(Brevet d'invention de dix années, accordé le 15 mai 1840, au sieur L.-F. Fraikin, place du Samedi, n° 18, à Bruxelles.)

L'appareil se compose d'un générateur à vapeur, d'où part un long tube qui revient parallèlement à lui-même et communique avec le fond de ce générateur. — La pièce d'étoffe de laine à sécher est placée le long des tubes, sur une espèce de châssis munis de crochets, où elle est tendue dans le sens de la longueur et de la largeur.

Métier mécanique servant à tisser les étoffes unies, croisées et façonnées, en laine, fil et coton.

(Brevet d'importation de dix années, à partir du 13 novembre 1837, accordé le 19 janvier 1840, au sieur Curé fils, rue des Meuniers, n° 69, à Gand.)

L'inventeur substitue aux cartons du métier Jacquart une espèce de chapelet sans fin composé de châssis à épinglettes mobiles et disposées parallèlement; ces épinglettes étant destinées à repousser les aiguilles, et par suite à incliner les crochets qui communiquent le mouvement aux marches, on conçoit qu'en retirant, dans les divers châssis qui se présentent successivement, les épinglettes correspondant aux aiguilles qui doivent rester en place, et au moyen d'un système convenable de marches et de contre-marches, tirant au-dessus et au-dessous du métier les châssis des lames, on peut opérer tous les mouvements déterminés par le mécanisme à la Jacquart. — Des touches excentriques ou roulettes, fixées sur une poulie motrice, viennent appuyer sur des leviers qui mettent les marches en mouvement.

Machine destinée à opérer, d'une manière continue, sur étoffes et papiers à meubler, l'impression de dessins présentant cinq couleurs différentes.

(Brevet d'invention de dix années, accordé le 1er juillet 1839, aux sieurs Noblet et Ce, rue Terre-Neuve, no 134, à Bruxelles.)

Le papier à imprimer en cinq couleurs est amené contre et sous un cylindre presseur de grande dimension. — Au-dessous de ce tambour sont disposés, l'un à côté de l'autre et circulairement, les cinq petits cylindres imprimeurs portant chacun, en relief, les dessins à imprimer en couleur différente. — Chaque cylindre est muni de ses rouleaux à couleurs; et des engrenages convenables mettent tous les cylindres en mouvement et font passer le papier continu entre le cylindre presseur et les rouleaux à imprimer.

Perfectionnements applicables aux métiers à filer le lin, le coton, la laine et toute matière filamenteuse.

(Brevet d'invention de quinze années, accordé le 6 août 1840, à la société du Phœnix, à Gand.)

Les perfectionnements consistent dans la disposition de pignons coniques mobiles à volonté, rangés sur un arbre commun. Ces pignons commandent le mouvement des broches, en agissant chacun sur le pignon également conique et mobile de chaque broche. Ces derniers pignons sont munis de ressorts convenables, qui permettent d'arrêter chaque broche indépendamment de toutes les autres, et d'en varier la vitesse relative.

Pour une nouvelle tondeuse.

(Brevet d'invention de dix années, accordé le 18 décembre 1832, au sieur Florent Silliot, à Verviers.)

Les perfectionnements consistent à opérer deux coupes à la fois au lieu d'une, en appliquant deux chariots munis de leurs cylindres à lames travaillant sur les lames *femelles*. — La table qui supporte le drap pendant le tondage est munie d'un bourrage en laine couvert d'une peau et réglé par une série de vis de pression de manière à rendre la coupe aussi égale que possible sur toute la longueur du drap. — Le jeu du système est interrompu par des pièces fixes qui élèvent le cylindre à lamer lorsqu'il vient s'approcher des lisières.

Perfectionnement dans les métiers à tisser à la mécanique.

(Brevet d'importation de cinq années, accordé le 10 septembre 1841, au sieur Pike, hôtel de Belle-Vue, à Bruxelles.)

Le perfectionnement consiste dans un mécanisme appliqué au battant et par le moyen duquel l'étoffe est enroulée avec plus de régularité ; et cet enroulement n'a pas lieu lorsque le fil de trame vient à se casser. — Ce mécanisme d'arrêt consiste en un levier à ressort, qui s'applique d'une part contre le peigne et de l'autre agit sur une tringle qui pousse les dents pour communiquer la rotation à l'ensouple.

Métier à tisser des étoffes unies, croisées, drille unie et façonnée, futaines, satins, coutils, etc., de fil de lin, de coton, de laine, de soie et d'autres matières filamenteuses.

(Brevet d'invention de quinze années, accordé le 25 juin 1840, au sieur G.-D. Poelman, fabricant, à Gand.)

Les perfectionnements consistent dans une nouvelle méthode d'imprimer le mouvement aux harnais pour tisser des étoffes façonnées. — Aux cordages compliqués qui opèrent le mouvement des lisses, l'inventeur a substitué un système de leviers et de bielles métalliques élevés et abaissés par des taquets de forme variée, fixés convenablement sur un arbre central, et mus, ainsi que les baguettes chasse-navettes, par l'arbre moteur.

Nouvelle machine servant à ramer les draps.

(Brevet d'invention de dix années, accordé le 22 décembre 1840, aux sieurs Lacambre et Persac, ingénieurs, rue Royale, n° 53, à Bruxelles.)

Par l'un des chefs de la pièce, le drap est enroulé sur une ensouple et tendu au moyen d'un frein. L'autre chef étant fixé dans un templet ou mordage, la pièce toujours tendue est enroulée en spirale autour d'un tambour central, et en fixant les lisières par des crochets à deux disques opposés, l'un des disques étant mobile, la pièce peut être tendue à volonté dans le sens de sa largeur. — Un rapide mouvement de rotation, communiqué à toute la machine, établit une ventilation convenable à travers les spires du drap, et l'étoffe sèche en peu de temps.

Perfectionnements apportés aux métiers ou machines à tricoter, ainsi qu'aux tricots fabriqués au moyen desdits métiers, tels que bas et bonneterie.

(Brevet d'importation de cinq années, accordé le 23 octobre 1841, au sieur James Johnson, rue des Arts, n° 139, chez le sieur Urling, son mandataire, à St-Josse-ten-Noode.)

Ces perfectionnements ont pour objet de déterminer tous les mouvements des métiers ordinaires par un moteur à vapeur. — Le fil est amené le long des aiguilles ; la maille est opérée et les aiguilles se retirent ou avancent par l'action de cames, pignons et crémaillères dont le mécanisme ne peut être apprécié, que par une étude attentive des dessins qui accompagnent le mémoire descriptif et qui sont d'ailleurs exacts et corrects.

Le mécanisme des pièces fonctionnantes est également modifié. Les aiguilles sont à bec très-court et elles guident le fil avec plus de régularité. Le brevet a également pour objet un métier circulaire à plusieurs fils, dont les bobines sont disposées au-dessus du corps du métier. — Une description complète peut seule donner l'intelligence de ce mécanisme délicat et compliqué.

Perfectionnements apportés à la fabrication du drap feutre.

(Brevet d'invention de quinze années, accordé le 7 juin 1841, au sieur Jᵃ Jobard, place des Barricades, à Bruxelles.)

La laine sera feutrée en gros cylindres ayant la longueur de la largeur du drap, et une machine de Paepe *à scier* débitera l'étoffe à telle épaisseur que l'on voudra. Pour obtenir des tapis de table on feutrera des masses carrées, dont la section transversale représentera la grandeur du tapis. — On divisera ces blocs de laine par tranches minces qui constitueront les tapis. Enfin, on interposera entre deux nappes de drap feutre une chaîne en fil de lin ou de coton de manière à donner à l'étoffe moins de retrait et d'élasticité.

Machine dite : Nappeur-doubleur, continu.

(Brevet d'invention de cinq années, accordé le 20 juin 1838, à la société du Phœnix, à Gand.)

Cette machine en remplace deux autres, le nappeur et le doubleur. — Le double cylindre à bascule sur lequel sont disposées les bobines, permet de travailler sans interruption et de remplacer la bobine garnie de ruban par une bobine vide, sans arrêter aucun mouvement. — La tension de la nappe est réglée à volonté par un poids. Une crémaillère et son pignon règlent la pression des cylindres cannelés.

Nouvelle machine à lainer les draps, dite : Lainerie continue.

(Brevet d'invention de dix années, accordé le 21 juillet 1840, au sieur François Fourcel, rue de la Paille, nᵒ 20, à Bruxelles.)

Les pièces de drap à lainer sont cousues ensemble en fourreau et engagées, comme une chaîne sans fin, entre des rouleaux dont la pression est variable à volonté; les chardons sont disposés sur un grand tambour animé d'un rapide mouvement de rotation. Un système d'engrenage convenable met en mouvement le tambour et les rouleaux, qui amènent et guident le drap contre les chardons, de sorte que l'opération du laminage s'effectue d'une manière uniforme et continue.

Peigne et brosse à débourrer les cardes.

(Brevet d'importation de cinq années, accordé le 20 juin 1838, à la société du Phœnix, à Gand.)

Une brosse circulaire est disposée convenablement entre deux plaques de cardes à débourrer et de manière à ce que le poil de la brosse entre d'un centimètre environ dans les dents des plaques. On donne à ces brosses un rapide mouvement de rotation, et les cardes sont débarrassées de la laine et du coton, que l'on ôte ordinairement à la main.

Machine adaptée aux cardes et servant à remplacer les vases en fer ou fer-blanc.

(Brevet d'invention de cinq années, accordé le 20 juin 1838, à la société du Phœnix, à Gand.)

La nappe est introduite à sa sortie de la carde dans un entonnoir d'où le ruban est enroulé sur un cylindre ou bobine de bois, disposé convenablement sur une petite machine additionnelle, où un bras de fer, dirigé par une pièce excentrique à coulisse, distribue et serre le ruban sur le rouleau, de manière que l'on obtient immédiatement une bobine garnie, sans faire usage des pots de fer-blanc.

Découverte de nouvelles substances propres à la fabrication de tissus et de cordages.

(Brevet d'invention de dix années, accordé le 29 mars 1859, au sieur Thiriar, à Seneffe.)

Ces substances sont les tiges de houblon, de haricots et d'orties et les écorces d'osier. Le rouissage se fait comme pour les autres substances filamenteuses. — Les écorces d'osier exigent un rouissage plus long.

Application aux métiers à tisser, de lames métalliques ou d'autres matières, destinées à être attachées aux lisses et à prévenir l'usure de ces fils par leur changement de position.

(Brevet d'importation de cinq années, accordé le 51 mars 1841, au sieur William Hopkin, domicilié à Bruxelles, hôtel du Lion Belge.)

Les lames en fil de lin ou de chanvre, dont se composent les harnais destinés à soulever et à abaisser les fils de chaîne dans le tissage, s'usent rapidement par le frottement. On propose de composer le harnais de lames métalliques très-minces et percées chacune en son milieu d'un trou à bords arrondis pour le passage des fils de chaîne.

Métier à tisser mécaniquement, au moyen de plusieurs navettes, la laine, le coton, le lin, la soie et toute autre matière filamenteuse.

(Brevet d'importation de cinq années, accordé le 28 décembre 1840, à la société du Phœnix, à Gand.)

Par un mécanisme très-ingénieux et à l'aide de cartons additionnels, les navettes sont commandées par la Jacquart du métier, et les fils de trame de diverses couleurs passent à travers la chaîne pour opérer les dessins. Le mouvement qui commande le taquet, est combiné de manière à serrer la trame à volonté et à tisser les lisières aussi régulières que le milieu de l'étoffe. — Ces métiers, spécialement destinés à la fabrication des tapis d'Écosse, dits *Ridderminster*, sont d'une construction très-remarquable; les dessins, joints au mémoire explicatif, sont très-corrects et offrent des détails intéressants.

Machines et procédés servant à feutrer les matières filamenteuses végétales ou animales, de manière à fabriquer par ce moyen des chapeaux, des couvertures, des draps, des tapis et d'autres étoffes.

(Brevet d'invention de quinze années, accordé le 15 janvier 1841, au sieur Sébastien Botturi, chaussée de Laeken, n° 6, à Laeken.)

Au sortir des cardes où la laine a été ouverte et disposée en nappes ou voiles, la matière filamenteuse, enveloppée par deux toiles, est étendue sur une table de cuivre, percée de trous nombreux par lesquels la vapeur vient humecter et échauffer ces nappes. Un système de lattes pesantes en bois, liées par des charnières, presse l'étoffe. Cette espèce de couvercle-presse, attachée à un chariot, va et vient sur l'étoffe et opère le feutrage. Une seconde machine, composée d'une forte table en bois, recouverte d'une feuille de plomb, reçoit le feutre, et pendant qu'une pluie d'eau chaude pénètre l'étoffe, des cylindres de bois la pressent et roulent sur toute la surface et complètent l'opération.

Nouvelle machine servant à peigner la laine et les autres matières filamenteuses.

(Brevet d'importation de cinq années, à partir du 8 février 1837, accordé le 19 mai 1838, au sieur J. Cockerill, à Liége.)

Les peignes qui portent la laine s'avancent des deux côtés vers le centre de la machine, portés sur deux plateaux qui avancent et reculent horizontalement par l'action de roues dentées munies de taquets ; les peignes renversés, qui doivent opérer le peignage, montent et descendent verticalement le long des montants disposés au centre de la machine. Un grand tambour, sur lequel sont fixés les peignes qui doivent être chargés de laine, est animé d'un rapide mouvement de rotation ; la laine est amenée entre deux rouleaux presseurs, qui la livrent aux peignes pendant leur mouvement circulaire. — Tous les détails de ces machines, très-exactement dessinés et décrits, sont dignes d'attention.

Nouveau système de mécaniques servant à préparer la laine peignée et autres matières filamenteuses.

(Brevet d'importation de cinq années, accordé le 28 décembre 1840, au sieur Lousbergs Thery, fabricant, Montagne de Paris, n° 1, à Gand.)

Ce système de préparation se compose de six machines. Trois défeutreurs, ayant pour objet d'égaliser les rubans, en réunissant les mèches de huit et de seize pots, et en les soumettant au défeutrage par l'action de cylindres étireurs et de rouleaux garnis de cardes et surmontés de cylindres presseurs ; et trois *réduits*, composés de trois colonnes de cylindres cannelés, ayant chacune huit tables, et d'une colonne de huit peignes hérissons. Les rubans, convenablement étirés, sont soumis à des manchons frotteurs, composés de tabliers en buffle et formant chaîne sans fin. — La laine, en passant entre les deux manchons qui ont un mouvement de va-et-vient latéral, est ramassée et rendue plus compacte. — Les machines dites *réduits successifs* ont les cylindres étireurs plus nombreux, les peignes et les bobines sont plus petits, et le ruban, devenu presque rond, va s'enrouler sur la dernière grande bobine qui se place enfin derrière le métier Mull Jenny, pour former le fil.

Perfectionnements apportés à la machine à ramer les draps, déjà brevetés en leur faveur le 22 décembre 1840.

(Brevet de perfectionnement de dix années, à partir du 22 décembre 1840, accordé le 19 juillet 1841, aux sieurs Lacambre et Persac, rue Royale, n° 53, à Bruxelles.)

Ces perfectionnements s'appliquent à la machine brevetée en leur faveur le 22 décembre 1840.

L'ensouple à frein est remplacée par une ensouple plus simple, portée sur des pointes filetées. — L'étoffe passe de l'ensouple sur un rouleau pour aller se fixer anx spires de la rame, et une brosse concave, portée par des leviers, agit sur le drap en le pressant contre le rouleau. — Aux bras de fer qui portent les spires de la rame, sont fixées des palettes qui forment un ventilateur.

<hr>

<hr>

Machine perfectionnée servant à coudre les cordes plates.

(Brevet d'invention de dix années, accordé le 15 novembre 1828, au sieur J. Hall Greive, à Hornu, et prolongé de cinq années à partir du 15 novembre 1836, par arrêté royal du 7 février 1838.)

Les cordes rondes qui doivent être réunies en cordes plates sont amenées par une bobine dans une gorge rectangulaire, où elles sont serrées : les perçoirs, fixés chacun à l'extrémité d'une tige de fer, sont dirigés obliquement vers les cordes qu'ils percent alternativement de chaque côté, de manière à faciliter le passage du cordonnet qui doit lier les cordes ensemble. Les tiges de fer sont guidées au travers des coulisses convenablement fixées des deux côtés, et tout le mécanisme est organisé de manière que la corde plate s'avance progressivement à mesure que les perçoirs ou aiguilles ont accompli leur fonction.

<hr>

Emploi de diverses substances végétales à la fabrication du papier et du carton, ainsi qu'au filage et au tissage.

(Brevet d'invention et de perfectionnement de dix années, accordé le 29 avril 1839, au sieur L.-G. Fortin, rue de Louvain, n° 13, à Bruxelles.)

On peut fabriquer du papier avec certaines substances végétales filamenteuses que le commerce apporte des Indes orientales, sous la forme de tissus grossiers employés aux emballages. — Ces substances doivent être traitées à chaud, par le carbonate de potasse qui en sépare la matière glutineuse, et soumises ensuite aux manipulations ordinaires pour la fabrication du papier.

<hr>

Épurateur servant au blanchiment des chiffons pour la fabrication du papier.

(Brevet d'invention de cinq années, accordé le 17 avril 1840, au sieur F.-C. Cartier, mécanicien, rue des Fabriques, n° 2, à Bruxelles.)

Cet appareil consiste en une chambre où s'opère le blanchiment des chiffons par le chlore. La disposition de cet appareil permet d'y introduire un jet de vapeur, qui expulse le gaz décolorant après qu'il a produit l'effet qu'on en attendait.

Procédé de gaufrure des papiers peints.

(Brevet d'importation de dix années, accordé le 17 août 1839, au sieur A. Lefebvre, à Bruxelles, Marché-aux-Herbes, n° 55.)

Cette presse se compose d'un cylindre en cuivre sur lequel le dessin du gaufrage est gravé, et d'un second cylindre en fer, recouvert de drap, qu'on fait appuyer sur le premier au moyen de tringles et d'un levier composé chargé de poids. C'est entre ces deux cylindres qu'on fait passer le papier. Une manivelle et un engrenage servent à faire fonctionner cet appareil.

Perfectionnements apportés au procédé de fabrication du papier, déjà breveté le 28 septembre 1838.

(Brevet de perfectionnement de dix années, à partir du 28 septembre 1838, accordé le 7 décembre 1838, au sieur J.-N. Houdin, à Bruxelles, rue de Ruysbroek, n° 82.)

On peut employer à la fabrication du papier toutes les plantes herbacées et les tiges du houblon en les soumettant à la cuisson et aux procédés ordinaires de blanchiment. — On mêle à ces matières filamenteuses une certaine quantité de tiges de pommes de terre qui contiennent assez d'amidon pour tenir lieu de colle.

Les tiges de colza et les élagages des jeunes mûriers sont employés au même objet et préparés par le rouissage.

Améliorations apportées à la fabrication de la pâte propre à faire du papier sans chiffons, déjà brevetée les 28 septembre et 7 décembre 1838.

(Brevet de perfectionnement de dix années, à partir du 28 septembre 1838, accordé le 24 janvier 1839, au sieur J.-N. Houdin, imprimeur, à Bruxelles, rue de Ruysbroek, n° 82.)

On prépare cette pâte au moyen de choux cuits et mélangés à un quart de leur poids de plâtre ou de terre glaise en poudre fine.

Moyen de fabriquer du papier de toute espèce avec de la paille.

(Brevet d'invention de dix années, accordé le 12 avril 1832, au sieur P. Willems Zamboni, rue du Nord, n° 48, à Bruxelles.)

Écraser la paille entre deux cylindres, la traiter par de l'eau de chaux à l'aide de la chaleur. — La laver fortement, la couper et la broyer pour en faire de la pâte à papier. — Blanchir cette pâte par un chlorure.

Appareil destiné à réparer la toile métallique, ou fil de cuivre, servant à la fabrication du papier.

(Brevet d'invention de dix années, accordé le 20 mars 1841, au sieur F.-G. Coutelle, à Huy.)

La toile métallique à remettre à neuf est étendue sur une espèce de grille à barreaux très-minces et suffisamment espacés; au-dessous de cette grille est disposé sur des tréteaux un chemin de fer sur lequel avance et recule à volonté un chariot qui porte un réchaud de la largeur de la toile, et chargé de charbons ardents. La toile métallique s'échauffe jusqu'au rouge et se débarrasse ainsi des fragments de papier et de chiffon qui la rendaient impropre au passage de l'eau pour la fabrication du papier.

Nouvel appareil servant à laver les chiffons et autres matières filamenteuses, employés dans la fabrication du papier.

(Brevet d'importation et de perfectionnement de cinq années, accordé le 14 décembre 1840, aux sieurs Craey et Rowland, rue du Musée, n° 14, à Bruxelles.)

Dans cette machine à laver les chiffons, le tambour agit seulement pour opérer ce lavage et non pour produire de la pâte. — L'eau sale ne peut s'échapper qu'à travers une toile métallique qui retient la pulpe autrefois perdue. — En remplaçant ce tambour de lavage par un tambour ordinaire, on opère le déchirage des chiffons lavés.

Perfectionnements apportés aux machines pour la fabrication du papier continu, dites : Machines Æhelhaeuser.

(Brevet d'importation de cinq années, accordé le 28 novembre 1840, au sieur R.-W. Urling, rue des Arts, n° 139, à St-Josse-ten-Noode.)

Cette machine à fabriquer le papier continu renferme des perfectionnements dans presque toutes ses parties ; les pièces sont rapprochées et les organes mieux disposés. — L'importateur fait connaître en même temps un coupoir et un battant pour délayer la pâte. — Les dessins et même la lecture du mémoire sont indispensables pour donner une idée exacte de ces appareils.

NEUVIÈME CATÉGORIE.

MÉTALLURGIE ET TRAVAIL DES MÉTAUX, CLOUTERIE, SERRURERIE, ETC. — INSTRUMENTS ET APPAREILS QUI S'Y RAPPORTENT. TRANSMISSION DE MOUVEMENTS, CORDES MÉTALLIQUES.

Nouveau système d'usine ayant pour objet de fabriquer le fer avec une grande économie de combustible.

(Brevet d'importation de dix années, accordé le 2 octobre 1839, au sieur D.-J. Capouillet, négociant, rue du Rivage, n° 2, à Mons.)

L'inventeur s'est proposé d'économiser le combustible en construisant un grand fourneau destiné à la fusion du verre, à la vaporisation de l'eau dans des chaudières de machines à vapeur, et à la fabrication du fer. — Des vannes, disposées à l'entrée des conduits de la flamme, permettent de distribuer la chaleur à volonté sur les creusets qui contiennent le verre, ou sous les chaudières, ou dans les fourneaux où le fer doit être réchauffé, et d'activer plus ou moins avec un seul foyer, chacune de ses opérations. La construction de ce fourneau contient des détails remarquables.

Appareil servant à utiliser les gaz inflammables qui s'échappent des hauts fourneaux, pour chauffer les chaudières des machines à vapeur, activant les souffleries de ces fourneaux.

(Brevet d'invention de dix années, accordé le 31 décembre 1838, au sieur Poulet, à Philippeville.)

Le gueulard du haut fourneau donne passage aux produits gazeux qui vont immédiatement échauffer une longue chaudière, disposée dans une maçonnerie qui s'étend horizontalement à la hauteur du gueulard. A l'extrémité de la maçonnerie s'élève une cheminée en fonte de vingt pieds au-dessus des carneaux de la chaudière. Une grille additionnelle est établie au-dessous de la chaudière, à l'effet d'activer la vaporisation de l'eau ou le tirage, si la chaleur du haut fourneau était insuffisante.

Procédé servant à opérer la réduction des minerais métalliques en général, et particulièrement ceux de fer, sans machines soufflantes, et en employant de la houille brute menue, ou tout autre combustible.

(Brevet d'invention de quinze années, accordé le 7 décembre 1838, au sieur L.-J. Cheyremont, à Ixelles, rue Careveld, n° 167.)

L'inventeur construit quatre hauts fourneaux légèrement coniques autour d'une cheminée d'appel, s'élevant de dix mètres plus haut, et divisée en quatre compartiments. Ces hauts fourneaux sont chargés avec des briquettes, formées de houille maigre, de minerai de fer et de chaux vive. La soufflerie ordinaire est remplacée par le tirage de la cheminée. —On peut employer tout autre combustible que la houille et appliquer le même procédé à différents minerais métalliques.

Machine perfectionnée servant à faire des clous à froid.

(Brevet d'invention de dix années, accordé le 23 septembre 1831, au sieur Ch. Hiroux, à Fontaine-l'Évêque.)

On lamine une bande de tôle de manière qu'elle ait un de ses bords plus épais que l'autre, ensuite on la découpe en clous au moyen d'un emporte-pièce, sous lequel on ne retourne pas la bande de tôle. Les clous ainsi obtenus sont carrés et tranchants ; il faut leur faire des têtes rondes ou plates au moyen du marteau ou de la lime. Lorsqu'ils sont achevés, on les recouvre d'un vernis qui les préserve de l'oxydation.

Appareil servant à la carbonisation du bois nécessaire à un haut fourneau, au moyen du calorique superflu échappé du fourneau lui-même.

(Brevet d'importation de cinq années, à partir du 30 juillet 1838, accordé le 9 mars 1839, au sieur Ch. Desoer, fabricant, rue St-Thomas, n° 8, à Liége.)

On établit sur les hauts fourneaux une maçonnerie qui, sans empêcher l'approche du gueulard, forme une chambre dans laquelle on soumet le bois à la carbonisation. Une grille, tournant à volonté sur un axe horizontal, permet de retirer le charbon. —La chaleur perdue dans le travail du fer est seule employée à cette carbonisation.

Nouvelle méthode d'extraire le zinc du minerai, et perfectionnements apportés à cette extraction.

(Brevet d'invention de quinze années, accordé le 6 juin 1839, au sieur Dyar, Montagne de la Cour, n° 32, à Bruxelles.)

Ce procédé consiste à chauffer la mine de zinc au milieu des substances qui doivent opérer la réduction du métal, mais cela au moyen des gaz chauds non comburents, qui proviennent de la combustion du charbon. On emploie donc un fourneau dans lequel on brûle du charbon, on fait passer les gaz produits de cette combustion, dans une capacité qui contient le minerai et du charbon encore avec d'autres substances, s'il est nécessaire. Enfin, le métal volatil est condensé dans une troisième capacité.

Machine à faire les clous à froid.

(Brevet d'importation de dix années, accordé le 21 avril 1831, aux sieurs Lefebvre et Cᵉ, à Liége, rue Hors-Château, n° 247.)

Cette machine se compose de cisailles qui coupent la tôle à froid, d'un couteau qui coupe en forme pyramidale, les morceaux venant des cisailles, et enfin d'une machine composée de deux mentonnets et d'un marteau, pour retenir le clou et en façonner la tête, le tout à froid.

Construction d'un four servant à la réduction des minerais de zinc.

(Brevet d'invention de dix années, accordé le 25 novembre 1839, au sieur Gustave Lambinon, place St-Pierre, n° 11, à Liége.)

Les creusets dans lesquels on dépose le minerai de zinc mêlé de charbon, sont disposés horizontalement sur cinq étages, soutenus aux deux extrémités et tout entourés de la flamme du foyer. — Un seul foyer sert à chauffer deux fours adossés, séparés par un mur en briques réfractaires. La flamme, qui se divise en deux parties vers le bas, se réunit vers le haut, et une seule cheminée entraîne les produits gazeux de la combustion.

Machine servant à fabriquer des clous d'ardoises, sans bavures ni rivets.

(Brevet d'invention de quinze années, accordé le 7 octobre 1841, au sieur Sepult, rue Spentay, n° 259, à Verviers.)

Dans cette machine, la tête se fait la première, au moyen d'une pièce horizontale dite *refouloir*, poussée par un excentrique. — L'arbre moteur tire ensuite le fil de fer à longueur, et deux couteaux latéraux, poussés par deux leviers coudés symétriques, mus également par deux cames, coupent la tige et forment la pointe. Le clou est lâché et un autre bout de fil de fer passe entre les cylindres conducteurs et se présente à l'action du refouloir.

Rubans métalliques destinés à remplacer les cordes ou chaînes d'extraction dans les exploitations des mines et dans les autres industries.

(Brevet d'invention de dix années, accordé le 15 septembre 1840, au sieur J.-S. Guillemin, ingénieur, à Gilly.)

Ces rubans métalliques sont formés de bandes de tôle, réunies par superposition de leurs extrémités, qu'on attache au moyen de rivures.

Application des cordes métalliques à la traction.

(Brevet d'importation de dix années , accordé le 27 décembre 1839, au sieur A. Devegni , ingénieur , rue des Alexiens , nº 64 , à Bruxelles.)

Ces cordes se confectionnent en réunissant une certaine quantité de fils de fer et en les tordant en faisceau au moyen d'une machine semblable à celle qu'on emploie pour former les cordes de chanvre.

Perfectionnement dans l'application des cordes métalliques à la traction, perfectionnement consistant à les appliquer plates à cet usage.

(Brevet de perfectionnement de dix années, accordé le 27 décembre 1839, au sieur A. Devegni, ingénieur, rue des Alexiens , nº 64 , à Bruxelles.)

On fabrique ces cordes plates en réunissant des fils de fer par la méthode décrite au brevet, pour former *des torons* qu'on pose sur un plan horizontal, et à travers lesquels on introduit, pendant la torsion et à certaine distance, des chevilles de fer qu'on fixe au moyen d'une tête plate à une extrémité, et d'une rivure à l'autre, pour maintenir la corde dans sa forme plate.

Additions à l'objet des brevets qu'il a obtenus le 27 décembre 1839 , additions consistant en de nouveaux procédés de fabrication des cordes métalliques rondes et plates.

(Brevet d'addition de quinze années, à partir du 27 décembre 1839, accordé le 13 février 1840, au sieur A. Devegni , ingénieur , rue des Alexiens , nº 64 , à Bruxelles.)

D'après cette méthode chaque fil de fer est enroulé sur une bobine et guidé par une espèce de frein. — On dispose sur la circonférence d'un plateau fixé sur un axe vertical, un certain nombre de ces bobines, de manière qu'elles peuvent recevoir toutes à la fois un mouvement de rotation sur leur axe et un mouvement perpendiculaire à cet axe. A quelque distance et au-dessus du centre du plateau, se trouve le tordeur de forme ordinaire, fixé sur un support qui porte un rouleau guidant la corde métallique qui va s'enrouler sur un tambour à mesure qu'elle se forme ; un engrenage communique le mouvement de rotation au plateau et détermine la torsion des fils réunis et la confection de la corde simple ou toron. On peut ensuite réunir plusieurs torons comme on l'a fait pour les fils , afin d'en former des câbles ronds, ou de les assembler par un moyen analogue à celui qui est décrit au brevet en date du 27 décembre 1839, pour confectionner des cordes plates.

Modification à la machine à fabriquer les cordes, pour laquelle il a obtenu un brevet d'addition le 13 février 1840.

(Brevet d'addition de quinze années, à partir du 27 décembre 1839, accordé le 18 février 1840, au sieur A. Devegni, ingénieur, rue des Alexiens, n° 64, à Bruxelles.)

Ces perfectionnements apportés à la machine décrite au brevet, consistent à substituer à l'engrenage primitivement employé, un engrenage conique pour donner à la bobine un mouvement qui empêche la torsion propre du fil de fer, et à introduire une mèche de chanvre, enduite de goudron, au centre de chaque toron de fil métallique, afin d'augmenter la souplesse des cordes.

———

Perfectionnements à l'objet des brevets qu'il a obtenus les 27 décembre 1839, 13 et 18 février 1840, perfectionnements consistant en un nouveau système de cordes métalliques, dites : Cordes métalliques à chemise ou à réserve.

(Brevet de perfectionnement et d'addition de quinze années, à partir du 27 décembre 1839, accordé le 25 mai 1840, au sieur A. Devegni, ingénieur, rue des Alexiens, n° 64, à Bruxelles.)

La modification proposée à la fabrication des cordes métalliques au moyen de la machine décrite dans la spécification du brevet, consiste à envelopper les cordes métalliques rondes ou plates par des torons de chanvre, dans le but de préserver le fil de métal du frottement et de l'usure.

———

Secteur servant à former ou à façonner des roues d'engrenage sans modèle.

(Brevet d'importation de cinq années, accordé le 21 juillet 1840, au sieur F. Jacquot, rue de la Braie, n° 3, à Bruxelles.)

Le secteur est une espèce d'outil destiné à remplacer le modèle en bois pour obtenir des roues d'engrenage en fer de fonte. — Le secteur a une de ses extrémités fixée au centre de la roue, et porte à l'autre extrémité les calibres que l'on fait descendre et remonter successivement dans le sable pour former le moule des dents et de la roue, et la même opération étant continuée pendant une révolution complète de l'outil, le moule de la roue dentée est formé sans le modèle ordinaire.

———

Construction particulière de coussinets pour wagons, arbres de couche, etc.

(Brevet d'invention de quinze années, accordé le 12 décembre 1839, au sieur P. Perrette, rue des Ursulines, n° 25, à Mons.)

Ces coussinets sont formés d'un alliage de : étain 11/30, plomb 16/30, antimoine 3/30. Il est incrusté d'ivoire au point de contact avec l'axe tournant, et de corne sur les côtés.

———

Machine à fabriquer les clous à chaud avec le fer fendu.

(Brevet d'invention de quinze années, accordé le 28 novembre 1840, au sieur Le Hardy de Beaulieu, rue du Berger, n° 74, à Ixelles.)

La baguette de fer rougie est introduite entre deux cylindres en fer, dans lesquels sont fixées les formes en acier fondu qui doivent faire le clou. — Les cylindres, en tournant, entraînent le clou contre un dé en acier fondu, dans lequel est gravée la forme de la tête.— Les formes maintiennent le clou pendant que le dé poussé en avant fait la tête. Le dé se retire, les deux cylindres à rainure excentrique achèvent de comprimer le clou et de le façonner en coin.

Procédé servant à forger et à tremper l'acier pour les outils divers.

(Brevet de perfectionnement de cinq années, accordé le 30 juin 1838, au sieur Regnier Poncelet, directeur-gérant de la société St-Léonard, à Liége.)

Pour tremper l'acier travaillé, ou pour le disposer à recevoir une nouvelle chauffe sans qu'il perde ses propriétés, on peut le plonger dans un bain formé de dix livres de résine, cinq livres d'huile de poisson, deux livres de suif fondu et quatre onces d'assa-fœtida.

Deuxième composition pour les taillants : deux livres de borax raffiné, quatre livres de sel ammoniac, quatre livres trois quarts d'eau claire, un quart de livre de vin rouge du midi.

Troisième composition : trois livres de sel ammoniac, une livre de carbonate de potasse en pierre, vingt litres d'eau claire, un litre de vin ou de vinaigre rouge, une livre d'acide tartrique.

Procédé servant à fabriquer les clavettes pour les chemins de fer.

(Brevet d'invention de quinze années, accordé le 12 octobre 1840, au sieur Paschamps, rue du Méridien, n° 318, à St-Josse-ten-Noode.)

Des bandes de fer sont laminées à l'épaisseur convenable pour faire des clavettes pour l'usage des chemins de fer. — Ces mêmes bandes sont coupées en morceaux, dont la longueur égale celle d'une clavette augmentée de la largeur d'une tête de clavette. — Puis, au moyen de cisaille ou mieux d'un emporte-pièce, on découpe chaque morceau en deux parties égales suivant une ligne brisée qui forme de chaque fragment une clavette munie d'une tête ayant une largeur double de la largeur moyenne du corps.

Procédé perfectionné servant à réunir ou joindre les parois des tubes ou des tuyaux de fer.

(Brevet d'importation de cinq années, accordé le 28 novembre 1840, au sieur Dixon, hôtel de Groenendael, à Bruxelles.)

Les deux cylindres cannelés, au moyen desquels on étire ordinairement les tubes de fer cylindriques, sont ici remplacés par quatre roues à gorges. Les quatre gorges réunies forment un cercle parfait. Le tuyau creux s'avance entre les quatre cannelures, s'engageant sur un mandrin placé en avant et maintenu fixe par un obstacle placé assez loin.

Perfectionnements apportés aux serrures et aux clefs servant aux portes, aux tiroirs et à d'autres usages.

(Brevet d'importation de cinq années, accordé le 26 juillet 1841, au sieur S. Carpmael, domicilié à Bruxelles, hôtel de Groenendael, chez le sieur Dixon, son mandataire.)

L'objet consiste dans l'application aux pommeaux ou menottes des portes, d'une petite serrure dont la clef peu pesante s'emporte facilement. On empêche ainsi le mouvement de l'axe de la menotte qui , lorsqu'il est rendu libre , sert lui-même de clef pour la serrure principale.

Appareil propre à élever à un très-haut degré de température l'air atmosphérique, servant à alimenter les hauts fourneaux pour la réduction du minerai de fer en fonte.

(Brevet d'invention de dix années, accordé le 20 novembre 1833, au sieur Jh. Henrard, à Couillet.)

L'invention a pour objet d'élever la température , de l'air nécessaire à la fabrication du fer, à un plus haut degré. — On substitue aux tuyaux de fonte qui étaient employés alors , des carneaux en briques réfractaires et des conduits ou enveloppe en tôle entourée de cendre fine ou charbons pilés. — Un magasin de houille est disposé autour du gueulard , pour l'alimentation économique du fourneau.

Mécanique servant à tailler les limes de toutes espèces.

(Brevet d'invention de dix années , accordé le 15 septembre 1840 , au sieur Aug. Delvigne, rue des Capucins, nº 37 *bis* , à Bruxelles.)

Dans cette machine un puissant marteau mû par un engrenage agissant sur un levier, retombe à des intervalles égaux sur un ciseau dont le tranchant appuie sur la lime à tailler ; en même temps une vis fait avancer graduellement l'enclume sur laquelle repose la lime jusqu'à ce qu'elle soit taillée sur toute sa longueur.

Machine à fabriquer les monnaies.

(Brevet d'invention de quinze années, accordé le 21 avril 1841 , au sieur Victor Capouillet, à Mons.)

Une des parties de cette machine est un découpeur ou emporte-pièce sous lequel vient se présenter la lame métallique, laminée à épaisseur convenable. — La pièce découpée est portée par la machine elle-même sous un balancier qui la revêt de l'empreinte que porte le coin. Enfin, cette même pièce reçoit d'un nouvel organe le cordon convenable. Ces trois opérations sont exécutées par la même machine et dans un temps très-court, puisque l'inventeur croit pouvoir découper , frapper et cordonner neuf mille six cents pièces en une heure. C'est une machine à vapeur qui doit imprimer le mouvement à tout le système.

Système perfectionné de fabrication des clous à froid.

(Brevet d'importation de dix années, à partir du 28 janvier 1833, accordé le 28 juin 1837 , au sieur Ch. Gilliot , négociant , à Ath.)

Ce système comprend plusieurs machines à clous dans lesquelles, selon le mécanisme plus ou moins compliqué, l'ouvrier pousse en avant, retourne après chaque cheville coupée, ou maintient toujours du même côté la lame froide dans laquelle le ciseau découpe le clou. — Quelquefois le châssis qui porte le ciseau oscille par le moyen de tringles ou bielles commandées par l'arbre coudé, et les découpures se font en zig-zag dans la lame de métal qui s'avance toujours à plat. En général, toutes les machines à clou ont à peu près les mêmes pièces travaillantes, et le mécanisme qui opère le mouvement est peu différent. — Il n'y a donc encore ici que des détails de construction plus ou moins ingénieux et de nature à donner aux opérations plus de promptitude ou de précision, qui ne sauraient être compris et appréciés que par une étude sérieuse des dessins et du mémoire explicatif.

Machine propre à fabriquer des clous.

(Brevet d'invention de dix années, accordé le 20 avril 1833, au sieur Paul De Bavay, à Bruxelles.)

Un morceau de fil de fer de calibre convenable vient se placer sur la forme dans les ouvertures semi-circulaires de deux ciseaux. La platine entraînant avec elle le refouloir, descend verticalement, coupe le fil, le presse et le contraint à s'introduire dans la rainure de la forme. Les tranchants des ciseaux coupent la pointe en coin, alors le refouloir presse l'extrémité libre du clou dans le vide des platines, et en foulant le métal sur le clou la tête est formée.

Perfectionnements dans la fabrication des fers de chevaux.

(Brevet d'importation de cinq années, accordé le 16 septembre 1841, au sieur Th. Vaux, hôtel du Lion Belge, à Bruxelles.)

On peut ménager dans les fers de cheval, des rainures à queue d'aronde dans lesquelles on insère certaines pièces additionnelles destinées à remplacer les crampons employés pour ferrer à glace. Ces fers peuvent être coulés en une fonte qui sera ensuite par une cémentation rendue malléable. On peut aussi employer le fer ordinaire.

Perfectionnements dans la construction des fournaises, applicables aux opérations métallurgiques.

(Brevet d'invention de dix années, accordé le 31 décembre 1840, aux sieurs Flude et Bridge, hôtel de Groenendael, à Bruxelles.)

Ce fourneau est formé de deux compartiments : l'un, qui est une extension du foyer, est destiné à recevoir des cendres, du combustible et du minerai métallique dont la réduction s'opère par la flamme du foyer. Un second compartiment succède au premier, il reçoit la flamme qui agit sur le métal réduit qu'on y fait passer et qui là subit une fusion. Les gaz provenant de la combustion passent ensuite par un conduit descendant pour se rendre à la cheminée. — La forme et les dimensions de cette fournaise sont bien décrites au mémoire.

Procédé servant à décaper la tôle.

(Brevet d'invention de quinze années, accordé le 5 juin 1841, au sieur Mouzon fils, rue du Vert-Bois, nº 328, à Liége.)

Décaper la tôle en la faisant passer :

1° dans un bain composé d'acide nitrique 3/4, eau de pluie 1/4;

2° dans un bain formé de 1/3 acide nitrique, eau 2/3;

3° dans un bain composé de eau 7/8, acide nitrique 1/8 et un kil. de sel ammoniac pour 4 litres du mélange.

La tôle sortant du troisième bain est plongée dans une chaudière en fonte remplie d'étain fondu, on l'y laisse au moins une heure; on la fait ensuite chauffer au rouge dans un four à réverbère; retirée de là, et refroidie, on la nettoie et on la reporte au troisième bain acide et ensuite dans un second bain d'étain recouvert d'une forte couche de colophane.

DIXIÈME CATÉGORIE.

NAVIGATION ET MARINE, COMPRENANT TOUTES ESPÉCES DE BATIMENTS ET DE TRANSPORTS PAR EAU, ETC., APPAREILS A PLONGER ET DE SAUVETAGE.

Appareil applicable aux bâtiments mus par la vapeur ou toute autre force motrice.

(Brevet d'importation de dix années, accordé le 26 avril 1839, au sieur comte de Parsent, chaussée de Louvain, no 24, à St-Josse-ten-Noode.)

La machine à vapeur imprime un mouvement de rotation continue à un arbre horizontal, qui, au moyen de manivelles et de bielles convenablement disposées, met en action des espèces de rames à double châssis. Ces rames sont composées de deux plaques solides, s'ouvrant et se fermant au moyen d'une charnière, pour s'appuyer successivement contre l'eau et se retirer pour renouveler la même action. — Tout le mécanisme est disposé à l'arrière du bâtiment, près du gouvernail.

Nouveau système pour faire avancer des bateaux, destiné principalement pour remorquer des bateaux chargés sur les rivières et canaux peu profonds.

(Brevet d'importation de dix années, accordé le 16 mai 1839, au sieur Dixon, hôtel de Groenendael, à Bruxelles.)

Une chaîne sans fin, composée de larges anneaux de fer, sort par un tuyau de l'avant du bateau, rampe sur le fond du canal et rentre par l'arrière, guidée par des rouleaux intérieurs.

Cette chaîne, mise en mouvement par une force motrice et s'appuyant sur le fond du canal, communique, par la résistance qu'elle y rencontre, un mouvement progressif au bateau en sens opposé à celui de la chaîne.

Procédé applicable aux vaisseaux, bateaux, etc., propre à empêcher l'eau d'y pénétrer.

(Brevet d'invention de quinze années, accordé le 30 septembre 1839, au sieur Dré Marchal, rue de Flandre, no 162, à Bruxelles.)

On rend les vaisseaux imperméables en les doublant intérieurement d'une couche de mastic, renfermée entre deux toiles et formant un tissu imperméable et flexible.

Moteur mû par la vapeur, servant à la traction des bateaux et des navires.

(Brevet d'invention de dix années, accordé le 8 décembre 1841, au sieur L. Brunfaut, à Molenbeek-St-Jean.)

Ce moteur consiste dans un système de palettes en hélices, disposées autour d'un axe horizontal. — Ce système est placé derrière le navire et mis en mouvement dans l'eau par une machine à vapeur.

Appareil servant à rendre les bâtiments maritimes impénétrables à l'eau, déjà breveté le 30 septembre 1839.

(Brevet de perfectionnement de quinze années, à partir du 30 septembre 1839, accordé le 4 novembre 1839, au sieur Dré Marchal, rue de Flandre, no 162, à Bruxelles.)

Ce perfectionnement consiste à étendre entre deux toiles, une couche d'une composition formée de mastic bitumineux ou asphaltique, et de bitume glutineux ou goudron minéral ; à faire adhérer ensuite ces deux toiles entre elles au moyen d'une pression avec un fer chaud, et à couvrir ensuite de ce produit les objets que l'on veut rendre impénétrables à l'eau.

Perfectionnements à l'appareil servant à doubler les bâtiments maritimes, afin de les rendre impénétrables à l'eau, appareil déjà breveté les 30 septembre et 4 novembre 1839.

(Brevet d'addition et de perfectionnement de quinze années, à partir du 30 septembre 1839, accordé le 2 mars 1840, au sieur Dré Marchal, à Bruxelles, rue de Flandre, no 162.)

Comme modification au procédé déjà breveté en sa faveur, l'inventeur ajoute que le mastic bitumineux peut être appliqué sur les deux faces d'un tissu passé au laminoir et employé alors à couvrir des bâtiments maritimes à l'extérieur comme à l'intérieur, ainsi qu'une foule de constructions.

Ces tissus plus ou moins serrés sont rendus imperméables, par un mastic bitumineux ou asphaltique et par un bitume glutineux ou goudron minéral, saupoudré de gravier ou sable quartzeux.

Perfectionnements apportés aux roues motrices des bateaux à vapeur.

(Brevet d'importation de dix années, accordé le 12 décembre 1839, au sieur R.-W. Urling, rue des Arts, no 139, à St-Josse-ten-Noode.)

Les palettes des roues sont mobiles le long des rais. Des tringles fixées aux palettes peuvent glisser le long des rais parallèles des roues ; leurs extrémités portent un bouton qui, en coulant dans une rainure à hélice, pratiquée dans le corps d'un disque central, rapprochent ou éloignent les palettes de la périphérie de la roue, et augmentent ou diminuent l'immersion et par conséquent la force motrice.

Améliorations apportées dans la construction des vaisseaux, navires, bateaux de fer et autres, ainsi que dans des appareils faisant partie de ces améliorations, avec des moyens servant à empêcher ces bâtiments de couler à fond, etc.

(Brevet d'invention de quinze années, accordé le 9 juillet 1840, au sieur Obert, à Ixelles, chaussée d'Etterbeck, no 152.)

Les navires sont garnis intérieurement d'un encadrement disposé contre le bordage. Des chambres et capacités en fer sont construites à l'épreuve de l'air et de l'eau de manière à recevoir de l'eau pour lest ou à mettre la cargaison à l'abri de l'humidité. — Des sacs imperméables sont mis en réserve, de manière à pouvoir être gonflés d'air et servir de moyen de sauvetage. Des plaques de fer, entre lesquelles sont des matières élastiques, sont disposées convenablement pour amortir les chocs. Le mode d'assemblage des différentes parties de l'encadrement et des appareils pneumatiques présente des détails ingénieux et dignes d'attention.

ONZIÈME CATÉGORIE.

PRODUITS CHIMIQUES. — PRÉPARATION ET COMPOSITION DES PRODUITS CHIMIQUES, TEINTURE, BLANCHIMENT ET LESSIVAGE, FABRICATION DES COULEURS, DES SAVONS, DES GRAISSES, PRÉPARATION DES BOIS, DES CUIRS, TANNAGE, CORROIERIE, MÉGISSERIE, ETC.

Nouvelle méthode de tannage.

(Brevet d'importation de dix années, accordé le 19 avril 1839, au sieur Valery Hannoye, rue de la Violette, n° 6, à Bruxelles.)

Procédé de tannage au moyen du filtre-presse de Réal, mais avec modifications pour faire arriver le liquide tantôt à la partie supérieure, tantôt à la partie inférieure de la caisse ou cuve qui contient les peaux stratifiées avec du tan. Moyen de construire cette cuve en bois, en maçonnerie goudronnée ou en fer recouvert d'une feuille de plomb. On peut aussi attacher les peaux sur des cadres pour qu'elles remplissent exactement la cuve, et que le liquide soit forcé de les traverser.

Procédé de fabrication du blanc de plomb (carbonate de plomb).

(Brevet d'invention de quinze années, à partir du 23 décembre 1836, accordé le 14 juillet 1838, aux sieurs Button et Harrisson Grey Dyar, à Bruxelles, rue de Louvain, n° 26.)

C'est en faisant passer de l'acide carbonique provenant de la combustion et purifié par le lavage, à travers une solution de nitrate de plomb, qu'on transforme ce sel en carbonate de plomb ou céruse.

Procédé pour la fabrication de couleurs à l'huile.

(Brevet d'invention de quinze années, accordé le 30 juin 1838, au sieur J.-J. Meissenberg, négociant, rue Quai d'Avroi, n° 842, à Liége.)

Pour donner aux couleurs à l'huile plus d'élasticité, et en prévenir l'altération par l'humidité, on conseille d'y mélanger une certaine quantité de caoutchouc.

Procédé propre à la conservation des bois de construction et autres.

(Brevet d'importation de cinq années, accordé le 11 juin 1836, au sieur Jh. Hartel, négociant, à Anvers.)

Pour préserver le bois de la carie sèche et d'autres altérations, on emploie la créosote et l'eupion, deux substances qui existent dans le goudron et qu'on peut extraire par la distillation. L'inventeur regarde la créosote comme l'agent principal de la conservation du bois, et l'eupion comme le véhicule ou l'introducteur de la première substance. Il fait donc plonger une extrémité au moins du bois dans l'eupion et l'expose ensuite à la créosote gazeuse dans un vase convenable. Il croit pouvoir adapter ce procédé à des bois mis en œuvre.

Procédé perfectionné pour obtenir des extraits de substances végétales et animales, applicable à l'extraction des couleurs du tannin, des huiles essentielles et à l'obtention de tous produits pharmaceutiques.

(Brevet d'importation de dix années, accordé le 18 juin 1859, au sieur James Irving, chaussée de Louvain, n° 24, à St-Josse-ten-Noode.)

Le filtre-presse est un instrument dont le sieur Irving fait usage pour obtenir des extraits de plantes ou de matières animales; c'est surtout à l'extraction des principes colorants retirés des bois de teinture que cet instrument est employé, et pour cela il a subi de légères modifications. Le liquide passe d'un réservoir à travers tout l'appareil en s'introduisant de bas en haut.

Procédé servant à rendre les étoffes et les tissus de coton, de laine, de lin, de soie et autres, imperméables à l'eau, etc.

(Brevet d'invention de quinze années, accordé le 18 mars 1840, au sieur Robert Franks, de Londres, domicilié à Bruxelles, marché aux Poulets, n° 1, chez le sieur Clark, son mandataire.)

L'invention consiste à plonger, pendant un temps plus ou moins long, les étoffes dans une dissolution préparée par l'action de l'alun sur l'acétate de plomb.

Nouvelle méthode de fabrication du carbonate de plomb, etc., déjà brevetée le 14 juillet 1838.

(Brevet de perfectionnement de quinze années, à partir du 23 décembre 1856, accordé le 22 février 1859, aux sieurs Chisholm et Bellemois, à Ixelles, chaussée d'Etterbeck, n° 114.)

En traitant le massicot ou la litharge par de l'acide acétique et en décomposant l'acétate qui en résulte par de l'acide carbonique, on obtient de la céruse (carbonate de plomb), qui peut aussi être décomposée par la chaleur et un corps désoxydant pour ramener le plomb à l'état métallique.

Perfectionnements apportés au procédé servant à préserver le bois, les cordages, etc., de toute détérioration de la carie sèche, des insectes et de la nielle.

(Brevet de perfectionnement de dix années, à partir du 20 juin 1838, accordé le 26 décembre 1838, au sieur A. Dixon, à Bruxelles, hôtel de Groenendael.)

On a perfectionné le procédé qui consiste à plonger le bois dans une solution de sublimé corrosif, pour le préserver de toute putréfaction, en opérant cette immersion dans un vase de fer, de bois ou de toute autre matière convenable, où l'on exerce une forte pression sur le liquide au moyen d'une presse hydraulique.

Couleurs ou teintures nouvelles et perfectionnements dans d'autres couleurs ou teintures connues, employées pour imprimer ou teindre les tapis, droguets, flanelles, etc.

(Brevet d'invention de dix années, accordé le 4 août 1841, au sieur J.-G. Fielding, rue de Caudenberg, n° 19, à Bruxelles.)

L'invention comprend, 1° la préparation de couleurs brunes ayant pour base le cachou, le sulfate ou l'acétate de cuivre, un alcali et de l'oxyde de fer, de couleurs rouges où les laques et les acides oxalique et tartrique jouent le rôle principal, les verts à base d'indigo et de prussiate de potasse, etc. 2° Le mode d'impression des étoffes de laine et le moyen de fixer et d'aviver les couleurs par la vapeur. 3° Enfin, la méthode de chiner les cotons imprimés au moyen d'un seul rouleau gravé.

Nouveau procédé servant à rendre le drap et autres étoffes imperméables.

(Brevet d'invention de quinze années, accordé le 1er juillet 1839, au sieur Dixon, hôtel de Groenendael, à Bruxelles.)

On fait tremper pendant douze heures les étoffes dans un mélange de solution d'alun et d'acétate de plomb, qui se décomposent réciproquement et laissent les étoffes imprégnées de sulfate plombique, qui fait adhérer la colle de poisson qu'on ajoute à la liqueur.

Perfectionnements apportés au procédé pour rendre le drap et autres étoffes imperméables, et les préserver contre l'humidité, la teigne et autres insectes.

(Brevet de perfectionnement de quinze années, à partir du 1er juillet 1839, accordé le 29 juillet 1839, au sieur A. Dixon, hôtel de Groenendael, à Bruxelles.)

On prépare d'abord une solution d'acétate d'alumine, en décomposant du sulfate d'alumine par de l'acétate de plomb. Lorsque la solution est devenue claire, on la décante, on y ajoute de la colle de poisson, et l'on y fait tremper l'étoffe que l'on veut rendre imperméable. Après douze heures d'immersion on la retire, on la presse et on la fait sécher.

Nouveau cirage.

(Brevet d'invention de cinq années, accordé le 28 novembre 1840, au sieur Delamare, rue d'Or, n° 30 à Bruxelles.)

Ce cirage est composé de noir d'ivoire, de mélasse, d'acide sulfurique, acide hydro-chlorique, acide acétique faible, gomme du pays et huile de lin ou d'olives mélangés dans certaines proportions.

Nouveau procédé de fabrication de dextrine, substance destinée à remplacer la gomme du Sénégal.

(Brevet d'importation de cinq années, accordé le 19 juillet 1841, au sieur P.-F. Bouvier, fabricant, rue de Notre-Seigneur, n° 5, à Bruxelles.)

Pour convertir la fécule en dextrine, on en fait une pâte avec de l'acide nitrique étendu d'eau. Pour 400 parties de fécule, on emploie 1 partie d'acide d'une densité de 1,4. On fait sécher cette pâte que l'on expose ensuite à une température de 100°. Pour en faire usage il suffit de la délayer dans l'eau, et elle remplace la gomme du Sénégal.

Perfectionnements additionnels au procédé servant à rendre le drap, la toile, le coton, le papier et autres tissus imperméables, ainsi qu'à coller le papier de toute espèce, procédé déjà breveté en sa faveur les 1er et 29 juillet 1839.

(Brevet d'invention et de perfectionnement de quinze années, accordé le 27 décembre 1859, au sieur A. Dixon, à Bruxelles, hôtel de Groenenduel.)

Ce perfectionnement a pour objet de fixer le degré de concentration des solutions employées selon les différents degrés d'humidité auxquels les étoffes doivent être exposées.

Perfectionnements apportés à la fabrication de la gélatine, colle et colle-forte.

(Brevet d'importation de dix années, accordé le 51 décembre 1859, au sieur Th. Dowling, hôtel de France, Montagne du Parc, à Bruxelles.)

Préparation de la gélatine extraite des rognures de peaux, au moyen de la putréfaction et de l'acide sulfurique. — On soumet ensuite la colle à l'action de la chaleur pour concentrer, et l'on sèche par les procédés ordinaires.

Procédé chimique propre à préserver les matières végétales et particulièrement les bois, toiles et cordages, de la corruption, de la pourriture et de la carie sèche.

(Brevet d'importation de dix années, accordé le 12 juillet 1858, au sieur G. Sherwood, à Sardanson, commune de Bouge, province de Namur.)

Plonger les bois que l'on veut conserver dans une solution de sulfate de cuivre et les y laisser pendant autant de fois deux jours que leur épaisseur contient de fois vingt-cinq millimètres.

Nouveau procédé de désinfection instantanée des matières fécales des fosses d'aisances et de voiries, présentant deux avantages distincts : 1° la conversion instantanée des matières solides en engrais, et 2° l'extraction des sels ammoniacaux provenant des liquides.

(Brevet d'invention de quinze années, accordé le 5 janvier 1840, au sieur Legendre, rue de Laeken, n° 51, à Bruxelles.)

L'inventeur établit en principe que les matières des fosses d'aisances doivent leur mauvaise odeur à l'hydrogène sulfuré, et que les oxydes métalliques hydratés décomposent ce gaz et sont par lui transformés en sulfures.

Il se propose de désinfecter par les oxydes métalliques les fosses d'aisances, les voiries, la vase des égouts des ports de mer et des marais.

La matière désinfectante se prépare en traitant, par des cendres ou de la chaux, une solution de 100 parties de persulfate de fer et de 10 à 20 parties de sulfate de cuivre.—On peut aussi précipiter par le carbonate d'ammoniaque, que l'on recueillera par la décomposition des matières animales.

On désinfecte les liquides en y versant une certaine quantité des matières ci-dessus, tenues en suspension dans l'eau.

Les matières épaisses sont désinfectées par les mêmes substances qu'on fait pénétrer dedans en les brassant.

On solidifie ensuite les matières épaisses en les mêlant avec des substances absorbantes, plâtre mêlé de suie, terres argileuses ou calcaires desséchées.

On extrait des sels ammoniacs par la distillation des matières désinfectées. L'ammoniaque pure est employée à décomposer les sulfates métalliques pour produire la matière désinfectante.

Le sulfate d'ammoniaque résultant sera combiné au sulfate d'alumine pour produire de l'alun.

Procédé perfectionné servant à la fabrication du savon jaune.

(Brevet d'invention et de perfectionnement de quinze années, accordé le 12 janvier 1840, au sieur J.-F. Decressonnières, fabricant de savon, faubourg de Flandre, n° 182, lez-Bruxelles.)

Ce procédé consiste à fabriquer d'abord un savon à la manière ordinaire. — Ensuite on traite une résine par la potasse, et on laisse reposer cette combinaison qui se sépare en deux parties. — On rejette le liquide supérieur et on mêle au savon fait, le dépôt composé de résine et de potasse qui est un véritable savon.

Méthode perfectionnée qui sert à durcir le bois, la pierre, le marbre, le fer et le cuir, qui préserve ces substances de détérioration, qui les fortifie et qui les rend impénétrables à l'action de l'eau.

(Brevet d'invention de dix années, accordé le 3 avril 1840, au sieur du Alba, rue des Arts, n° 139, à Saint-Josse-ten-Noode.)

Ce procédé consiste à plonger la matière que l'on veut durcir dans une dissolution des substances que l'on veut faire pénétrer dans cette même matière. Pour arriver à ce but, on fait le vide dans le vase qui contient la matière à durcir et la solution. — Cette opération s'exécute à l'aide d'une machine pneumatique; ensuite, à l'aide d'une pompe foulante, on ramène de l'air dans la capacité et l'on exerce une très-forte pression.

Nouvelle manière de fabriquer ou d'obtenir l'ammoniaque.

(Brevet d'invention de quinze années, accordé le 3 décembre 1839, au sieur Walsb, marché aux Poulets, n° 1, à Bruxelles.)

Ce procédé consiste à faire arriver de la vapeur dans une chambre munie d'un tube inférieur, qui reconduit l'eau de condensation dans la chaudière; cette chambre renferme la cuve distillatoire où se trouve un agitateur; un ajutage à robinet fait communiquer cet appareil avec un réservoir supérieur, où l'on opère un mélange d'un hectolitre de chaux vive avec 1000 litres d'eau ammoniacale, puis on le soumet à la distillation; la vapeur d'ammoniaque se rend dans le condenseur où elle se combine à l'acide sulfurique ou chlorhydrique qu'on y a introduit.

Composition d'une graisse animo-végétale, dite : Adipoléine, servant au graissage des voitures des chemins de fer, machines, etc.

(Brevet d'invention de quinze années, accordé le 15 novembre 1840, aux sieurs Coutaret et Roumestant, rue des Douze-Apôtres, n° 16, à Bruxelles.)

Recueillir les eaux savonneuses de désuintage, lavage et foulage des laines, les filtrer pour en extraire les débris de laine. Décomposer, par un acide, le savon contenu dans ces eaux, et employer les acides gras, qui résultent de cette décomposition, à former une matière onctueuse propre à graisser les rouages et adoucir le frottement.

Procédé servant à donner à toute espèce d'huile de poisson, la propriété de rendre les cuirs imperméables.

(Brevet d'invention de quinze années, accordé le 5 février 1840, au sieur Bouvier, rue Haute, n° 162, à Bruxelles.)

On trempe dans l'eau chaude, pendant deux heures, cinq kilogrammes de caoutchouc, qui se trouve ainsi ramolli et que l'on coupe en petits morceaux. — D'un autre côté, on fait chauffer vingt-cinq kilogrammes d'huile de poisson, dans laquelle on introduit le caoutchouc coupé. On élève la température à 140 ou 150 degrés ; ce qui détermine la solution. On agite continuellement, et après avoir abaissé la température jusqu'à 80 degrés, l'on ajoute peu à peu 75 kil. de la même huile de poisson. On continue d'agiter le mélange jusqu'à ce qu'il soit froid.

Procédé de fabrication de savon destiné à apporter une économie considérable dans le prix de cette marchandise.

(Brevet d'invention de quinze années, accordé le 17 juillet 1840, au sieur Albert Voss aîné, rue des Minimes, n° 7, à Bruxelles.)

On combine la gélatine avec les alcalis, et l'on ajoute à cette combinaison une matière farineuse ou argileuse. — Cette composition est ensuite mêlée à de véritable savon pour en augmenter le poids et le volume.

Addition au procédé de fabrication de savon, breveté le 17 juillet 1840.

(Brevet d'addition de quinze années, à partir du 17 juillet 1840, accordé le 27 août 1840, au sieur A. Voss, fils aîné, rue des Minimes, n° 7, à Bruxelles.)

On unit la gélatine au quart de son poids de lessive caustique de 25 à 30 degrés ; à ce mélange chaud, on ajoute un poids égal de savon râpé.—On fait bouillir et l'on brasse assez longtemps. — Le résultat est un savon qui a doublé de poids.

Nouveau procédé de tannage par la pression.

(Brevet d'invention de quinze années, accordé le 15 mars 1840, au sieur Jean-Baptiste Defiennes, Courte-rue-Neuve, n° 14, à Bruxelles.)

Un procédé pour extraire le tannin, au moyen d'un filtre-presse, était dans le domaine public. Il en était de même d'un procédé consistant à soumettre les peaux et la dissolution

de tannin à une forte pression. Ici ces deux procédés sont réunis ; de plus, on a inter-
posé des claies en osier entre les peaux étendues dans des cuves, et une circulation est
établie entre ces cuves et une chaudière, au moyen de laquelle la liqueur tannante est
concentrée au point convenable et la température maintenue au degré qu'elle atteint
communément dans le mois d'août.

*Cirage appelé par l'inventeur ; Vernis brillant de Kreps, destiné à entretenir le cuir laqué
et le maroquin de toute couleur.*

(Brevet d'invention de dix années, accordé le 1er septembre 1840, au sieur F. Kreps, rue de Malines, n° 24,
à Louvain.)

Ce cirage se prépare en mélangeant à une douce chaleur, de la gomme arabique, du
sucre, du sulfate de fer, de la noix de galle, du jus de citron et de l'eau.

*Nouveau système de tannage et d'extraction de tannin par des moyens combinés, réitérés
ou incessants de pression dans des vases hermétiquement fermés.*

(Brevet d'invention et de perfectionnement de quinze années, accordé le 19 mars 1840, au sieur N.-A. Ozil,
rue de l'Empereur, n° 14, à Bruxelles.)

Système complet de tannage, consistant dans l'emploi du filtre-presse pour extraire le
tannin du tan, ou de toute autre substance qui contient ce principe. Manière de faire
agir, avec ou sans pression, la solution de tannin sur les cuirs verts placés dans des
cuves ou vases fermés et construits de manière à pouvoir résister à la pression. — Échauf-
fement convenable de la liqueur tannante. Disposition des tuyaux et robinets qui servent
à la circulation des liquides. Arrangement des vases qui contiennent les peaux, pour que
le liquide, après s'être dépouillé de tannin, dans son passage à travers les caisses, puisse
être ramené dans le filtre-presse ; et description du procédé, qui serait entier si le débour-
rage y était compris, procédé très-accéléré et qui exige peu de place.

Additions au nouveau système de tannage, breveté le 19 mars 1840.

(Brevet d'addition de quinze années, à partir du 19 mars 1840, accordé le 29 mars 1840, au sieur N.-A. Ozil,
rue de l'Empereur, n° 14, à Bruxelles.)

Emploi du filtre-presse pour extraire le tannin des écorces, au moyen de l'eau froide
ou chaude. Emploi de la vapeur pour chauffer le bain-marie, au moyen duquel on concentre les solutions obtenues, et de la même vapeur pour donner aux fosses la température
convenable. C'est cet emploi de l'eau chaude et de la vapeur, qui a été présenté comme
perfectionnement. (Voir le brevet d'invention accordé au même, le 19 mars 1840.)

Nouveau vernis.

(Brevet d'invention de dix années, accordé le 15 avril 1833, au sieur Jacquerre, à Liége.)

L'inventeur propose trois différents vernis pour meubles : le premier se compose
d'alcool et de gomme laque ; pour le second, il ne fait qu'ajouter au premier de l'arcanson ;
le troisième, destiné aux cartes géographiques, contient des huiles d'aspic et de térébenthine, du camphre et de la gomme mastic, qu'on fait dissoudre dans les huiles essentielles
à l'aide de la chaleur.

Procédé servant à extraire la potasse des résidus de la mélasse de betteraves, et mode d'incinération.

(Brevet d'invention de dix années, accordé le 29 mai 1841, au sieur P.-F. Bouvier, rue de Notre-Seigneur, n° 5, à Bruxelles.)

Sur une plaque en fonte, chauffée au rouge et formant l'aire d'un four, on place par petites portions le liquide très-alcalin, résidu de la fermentation et de la distillation de la mélasse de betteraves. Ce liquide a d'abord été concentré jusqu'à marquer trente degrés alcalimétriques. La plaque de fonte est chauffée par un foyer placé au-dessous. Le liquide sur cette plaque se boursouffle et s'allume. Quand cette action est terminée, on retire le résidu que l'on met en tas et qui continue à se réduire en cendres. Cette opération doit marcher nuit et jour. Au bout d'une semaine, on met en tonneau et on livre au commerce la potasse qui formait un tas.

Nouveau procédé servant à tanner et à corroyer les peaux.

(Brevet d'importation de cinq années, accordé le 19 juillet 1841, au sieur Th. Guibal, à Mons.)

Dans ce procédé on emploie l'action de la vapeur pour remplacer les plains et pour opérer le décharnage qui se fait à l'aide d'une machine. Les peaux sont foulées par une autre machine dans les cuves où elles s'unissent au tannin. On emploie de même une machine pour mettre les peaux en huile et pour le découpage. Le mémoire contient des détails pleins d'intérêt.

Moyen servant à purifier et à conserver les matières animales.

(Brevet d'importation de cinq années, accordé le 16 novembre 1842, au sieur Ed.-H. Hart, à Verviers.)

Pour préserver les matières animales de la putréfaction, on peut les dessécher dans le vide, et en enlever les gaz produits; on place à cet effet ces matières animales dans un appareil muni d'un corps de pompe pneumatique. Quand on a enlevé ces gaz, on fait pénétrer de la saumure dans la matière animale au moyen d'une pression ou par des injections.

DOUZIÈME CATÉGORIE.

ALIMENTS ET BOISSONS. — PANIFICATION, SUCRERIE, BRASSERIE, DISTILLERIE ET VINAIGRERIE, MACHINES ET APPAREILS POUR CES DIFFÉRENTS GENRES DE FABRICATION, MOULINS A FARINE ET APPAREILS A FILTRER.

Moyen propre à conserver les substances animales et végétales, ainsi que les liquides.

(Brevet d'importation de dix années, accordé le 30 septembre 1839, au sieur Goldner, à Bruxelles.)

On propose de disposer dans des boîtes métalliques les substances végétales et animales qu'on veut conserver longtemps sans altération; on chasse l'air de ces boîtes soit en les plaçant dans un bain suffisamment chaud, soit par l'action de la vapeur, et ensuite on les ferme hermétiquement.

Procédé perfectionné de fabrication et de raffinage du sel.

(Brevet d'invention de quinze années , accordé le 2 mars 1840, au sieur John Reynolds, marché aux Poulets , n° 1 , à Bruxelles.)

On peut échauffer une série de vases contenant des liquides, en faisant condenser dans l'un la vapeur venant du précédent , et ainsi de suite. Dans l'appareil qui nous occupe et qui est destiné à évaporer de la saumure, plusieurs vases sont munis chacun d'un appareil tubulaire qui doit être parcouru par la vapeur. Cet appareil plonge dans le liquide salé que renferme le vase. — La vapeur provenant d'un générateur ordinaire passe dans l'appareil à tubes du premier vase. Elle en échauffe le liquide et se condense en partie. — L'eau de condensation retourne au générateur. Le premier vase devient un générateur pour le second vase , et ainsi de suite.

Nouveau procédé de panification.

(Brevet d'importation de dix années, accordé le 30 septembre 1839 , au sieur J.-N. Houdin, imprimeur, rue de Ruysbroeck , n° 82, à Bruxelles.)

On fait d'abord bouillir quelques livres de farine dans l'eau qui est nécessaire pour faire la pâte; on y ajoute du sel de cuisine, et on laisse refroidir suffisamment cette bouillie avant d'y mélanger le reste de la farine.

Perfectionnements apportés à l'appareil distillatoire continu , servant à la distillation des grains.

(Brevet de perfectionnement de dix années , accordé le 1er septembre 1841 , au sieur A. Delattre, rue des Fabriques , n° 2 , à Bruxelles.)

Les cases de la colonne distillatoire de l'appareil Cellier Blumenthal ont reçu une modification qui consiste à remplacer les tubes courbés en demi-cercle, par des calottes sphériques qui recouvrent le tube droit de dégagement et s'opposent à ce que le liquide à distiller puisse pénétrer dans ce tube.

Fabrication d'un nouveau vinaigre auquel il donne le nom de Vinaigre économique.

(Brevet d'invention de dix années, accordé le 30 avril 1832, aux sieurs A. Schmetz et Ce , rue du Pont-Neuf, n° 6 , à Bruxelles.)

On dissout huit livres de sucre dans cent litres d'eau ; au lieu de sucre on peut employer dix livres de sirop ou de miel. — On fait bouillir, et l'on ajoute cinquante litres d'eau-de-vie ou de genièvre de 18 à 20 degrés. Ce liquide, déposé dans un petit tonneau, coule peu à peu à travers un tonneau plus grand, contenant des copeaux de hêtre, et il est reçu dans des bacs placés au-dessous. — L'atelier doit être tenu à une température de 25 degrés. — On obtient ce vinaigre en 36 heures.

Appareil à distillation continue, spécialement propre à la distillation des grains.

(Brevet d'invention de dix années , accordé le 5 juin 1828 , et prolongé de cinq années par arrêté royal
du 19 juin 1837 , au sieur Cellier Blumenthal , à St-Josse-ten-Noode.)

L'appareil se compose d'une chaudière fournissant la vapeur à une cuve renfermant une colonne distillatoire, formée de cases superposées que traverse la matière fermentée en sens inverse de la vapeur d'eau ; l'alcool faible, condensé dans la cuve *chauffe-matière* et dans la partie supérieure du serpentin , coule par un tube à robinets dans un rectificateur en spirale fixé sur le couvercle de la chaudière ; de là l'alcool rectifié va se liquéfier dans le serpentin condensateur.

Nouvel appareil à la vapeur, propre à la distillation.

(Brevet d'invention de dix années , accordé le 5 octobre 1852 , au sieur Th. Scheidtweiler , rue de la
Cuillère-à-Pot , à Bruxelles.)

Cet appareil se compose d'une cuve en bois renfermant de l'eau et un fourneau en cuivre dont la grille est formée de barreaux creux entretenus pleins d'eau. La cheminée est un tuyau tourné en hélice jusqu'à sa sortie de la cuve ; cette cuve fournit la vapeur à deux cuves distillatoires qui sont en communication et destinées à se servir alternativement de rectificateur. — La condensation se fait par la méthode ordinaire.

Fabrication de l'amidon, du vermicelle et de la bière par de nouveaux procédés.

(Brevet d'invention de quinze années , accordé le 18 juillet 1838 , au sieur E. Panis , chez le sieur Piau ,
passage de la Reine , à Bruxelles.)

Travail complet sur la farine pour en faire de la pâte, en extraire le gluten, tirer parti de l'amidon obtenu sans eau sûre, fabriquer le vermicelle et autres pâtes en y faisant entrer des fécules de pommes de terre et de riz.—L'appareil principal est un *malaxateur*, cylindre dans lequel, par une aspersion d'eau et l'action de rouleaux pétrissants, la pâte se trouve dépouillée de l'amidon et des parties solubles.

Nouveau système de fabrication du sucre indigène.

(Brevet d'invention de dix années , accordé le 8 juin 1838 , au sieur A. Delattre, rue St-Christophe,
n° 2 , à Bruxelles.)

Nouveaux appareils pour presser la pulpe des betteraves et en extraire le jus ; pour évaporer et concentrer ce jus, et enfin pour revivifier le noir animal. La presse consiste en cylindres cannelés et verticaux recouverts d'une toile métallique. — La concentration s'opère dans des tuyaux horizontaux, tournant sur leur axe ; le suc tombe de l'un dans l'autre et les parcourt successivement. Le noir animal est revivifié dans un tube garni intérieurement de plaques en zig-zag.

---

*Chaudière préliminaire perfectionnée pour accélérer le raffinage de sucre et pour
bouillir d'autres liquides à une certaine consistance.*

(Brevet d'invention de quinze années, accordé le 10 décembre 1839 , aux sieurs Stewart, Hughen et Couley ,
rue de Laeken , n° 119 , à Bruxelles.)

Disposition de chaudières de forme ronde ou carrée, renfermant un système de tubes parcourus par de la vapeur pour concentrer les sirops, et adjonction d'une pompe à air à l'appareil de filtration.

Appareil économique, servant à la cuisson, à l'évaporation et à la distillation des sirops et des spiritueux.

(Brevet d'importation de dix années, accordé le 19 novembre 1833, à partir du 1er janvier précédent, au sieur Ant. Perpigna, à Bruxelles, chez le sieur Jobard.)

L'appareil décrit par l'importateur se distingue essentiellement des appareils ordinaires par une capacité dans laquelle on chauffe de l'air au moyen de la vapeur. Cette vapeur circulant dans un serpentin renfermé dans la capacité qui contient l'air, cet air échauffé est ensuite conduit au fond d'une chaudière, et, au moyen d'un double fond criblé de petits trous, il traverse le liquide à évaporer ; de la vapeur est aussi employée à échauffer le liquide.

Procédé pour obtenir du sirop, du sucre, du vinaigre, de l'alcool et du cidre de l'hélianthus tubérosa.

(Brevet d'invention de dix années, accordé le 7 mai 1833, à la demoiselle Pauline Fonson, à Lierre.)

Ce sirop est fabriqué avec les bulbes de l'hélianthus tuberosa, en soumettant ces bulbes à l'ébullition dans l'eau, les pressant et concentrant le jus à consistance sirupeuse.

L'inventeur fabrique avec les mêmes bulbes une boisson analogue au cidre, en abandonnant le suc exprimé de ces bulbes dans un tonneau pendant quinze jours et le faisant ensuite passer dans un tonneau soufré. — Le cidre est bon au bout de six mois. Enfin, elle retire de l'alcool des mêmes bulbes par la fermentation et la distillation comme on opère sur les pommes de terre.

Procédé servant à préparer en grand le sel de cuisine complétement pur et autres produits accessoires.

(Brevet d'invention de quinze années, accordé le 23 septembre 1840, au sieur P. Kopezynski, rue du Cheval Noir, n° 4, à Molenbeck.)

D'après ce procédé le sel de cuisine (chlorure sodique), d'abord réduit en poudre, est lavé avec une petite quantité d'eau pour le débarrasser des sels étrangers plus solubles que ce chlorure.—Ensuite on le dissout complétement, et enfin on fait évaporer la solution, et cristalliser le sel par le procédé ordinaire.

Perfectionnements dans l'appareil servant à filtrer les liquides.

(Brevet d'importation de cinq années, accordé le 15 septembre 1840, au sieur Robert White, hôtel de Groenendael, à Bruxelles.)

Ces filtres sont des espèces de boîtes dont le couvercle est une plaque métallique perforée, parfois garnie d'un tissu organique. — Pour certains liquides la plaque de métal est remplacée par un tissu recouvert de papier non collé ; enfin pour filtrer l'eau afin de la rendre potable, le couvercle et le fond de la boîte sont des pierres poreuses ; dans ce dernier cas l'eau passe à travers les deux pierres jusqu'à ce que la capacité intermédiaire soit remplie. Un tube à robinet sert à vider ces filtres.

Appareil servant à nettoyer les grains.

(Brevet d'invention de cinq années, accordé le 7 octobre 1841, au sieur Ch. Michelet, chez le sieur Gilain, à Tirlemont.)

Cette machine soumet d'abord le grain à l'action d'un ventilateur, ensuite à l'action d'une sorte de râpe qui le dépouille de la balle ; il passe ensuite sous une brosse qui le nettoie des poussières adhérentes, et après chacune de ces deux dernières opérations, il est encore soumis à la ventilation. Enfin, un crible sépare les grains ou graines plus légers.— Le moteur est une machine hydraulique ou une machine à vapeur.

Chauffeur serpent à double effet.

(Brevet d'invention de dix années, accordé le 26 août 1841, au sieur De Vadder, distillateur, rue Terre-Neuve, nº 51, à Bruxelles.)

Un long tube horizontal par lequel se dégage et se rend au serpentin la liqueur distillée, est placé concentriquement dans un autre tube qui amène à la chaudière la matière à distiller ; par là cette dernière s'échauffe en refroidissant les vapeurs alcooliques qui se dégagent. Un troisième tube, enveloppant le tube extérieur, reçoit la vapeur provenant d'une machine, laquelle vapeur contribue encore à échauffer la matière à distiller.

TREIZIÈME CATÉGORIE.

TRANSPORT PAR TERRE PAR VOIES ORDINAIRES, PAR CHEMINS DE FER, AÉROSTATS. — LOCOMOTIVES A VAPEUR ET AUTRES POUR CHEMINS DE FER, VOITURES, CHARIOTS ET AUTRES VÉHICULES POUR ROUTES ORDINAIRES. DÉTAILS DE CES APPAREILS.

Nouveau système de rails et de roues appliqués aux plans inclinés des chemins de fer.

(Brevet d'invention de quinze années, accordé le 9 mars 1839, aux sieurs Couvert et Lucas, boulevard de Waterloo, nº 32.)

Pour que les locomotives puissent franchir des plans inclinés, on peut substituer aux roues ordinaires des roues à bandages ondulés ; les plans inclinés seront aussi pourvus de rails ondulés placés en dehors des rails ordinaires. Les essieux des roues travaillantes devront donc dépasser les autres en longueur. Chaque roue ondulée sera double et les rails le seront aussi.

Nouvel appareil servant à conduire l'eau du tender à la locomotive.

(Brevet d'invention et de perfectionnement de cinq années, accordé le 9 mai 1841, au sieur Pellewez, boulevard Botanique, nº 29.)

L'inventeur signale les inconvénients du tuyau élastique en cuir qui livre passage à l'eau du *tender*, jusqu'au tuyau d'aspiration de la pompe alimentaire, et il y substitue un siphon droit en cuivre, muni de deux joints coniques, l'un vertical et l'autre horizontal, et d'un robinet à vapeur au moyen desquels l'eau du *tender* est amenée facilement à la pompe et chauffée même avant son introduction dans la chaudière.

Nouveau système de locomotive.

(Brevet d'importation et de perfectionnement de dix années, accordé le 6 mai 1839, aux sieurs Cowley et Brown, rue de Notre-Dame, n° 6, à Bruxelles.)

L'arbre coudé que mettent en mouvement les bielles des machines à vapeur fait tourner une roue dentée solidement fixée dans le bâti de la locomotive, et cette roue engrène avec les dents d'un pignon fixé sur l'arbre ou essieu des roues motrices, de sorte que l'on peut diminuer la vitesse des pistons des machines et celle de l'arbre coudé, tout en conservant ou même en augmentant celle des roues motrices.

Nouveau modèle de wagon à deux roues, propre à tout transport sur les chemins de fer.

(Brevet d'invention de dix années, accordé le 28 août 1839, au sieur Lagoutte-Delacroix, à Bruxelles, hôtel de l'Empereur.)

Ces wagons à deux roues ont d'ailleurs la forme ordinaire; ils sont liés l'un à la suite de l'autre par une espèce de timon qui leur laisse un certain jeu, pour empêcher les roues de sortir de la voie en parcourant les courbes.

Fabrication d'essieux de frottement et de boîtes de frottement pour voitures.

(Brevet d'importation de dix années, accordé le 30 septembre 1839, aux sieurs Vanstraalen et Ce, à Ixelles, chaussée d'Etterbeeck.)

Lorsque l'essieu fixé dans la roue doit tourner avec celle-ci, la fusée de l'essieu repose sur deux rouleaux renfermés dans la boîte. Lorsque l'essieu est fixe, on dispose tout autour une série de galets ou rouleaux maintenus par les disques d'une boîte. Ces galets réduisent le frottement et diminuent la force de traction.

Système de viabilité applicable aux chemins de fer.

(Brevet d'invention de dix années, accordé le 17 février 1838, au sieur Lagoutte-Delacroix, à Jemmappes, Hainaut.)

L'inventeur propose divers perfectionnements à la construction des voitures des chemins de fer. Ainsi, on pourrait établir sur les routes ordinaires deux bandes en fer parallèles, légèrement inclinées en regard et laissant entre elles une voie horizontale pour la marche des chevaux, tandis que les roues des wagons ou des voitures ordinaires rouleraient sur les bandes en fer; on pourrait appliquer une troisième ou cinquième roue aux voitures, au milieu de l'essieu et roulant sur un troisième rail central pour aider à la circulation dans les courbes. Enfin, l'inventeur propose d'appliquer à la tige des tampons, un piston se mouvant dans un cylindre ordinaire et derrière lequel serait disposé un ressort à boudin, pour amortir les chocs.

Voiture dite : Affiches roulantes.

(Brevet d'invention de dix années, accordé le 17 juillet 1839, au sieur Jules Asseman, rue de Notre-Seigneur,
n° 15, à Bruxelles.)

Un arbre vertical pouvant tourner au centre de la voiture, porte des bras et encadrements qui présentent à l'extérieur une surface polygonale sur laquelle sont appliquées les affiches. — Le tout est porté sur un train à deux roues. Le conducteur tire la voiture, et un léger pavillon l'abrite contre la pluie.

*Nouveau procédé pour faire marcher les wagons sur les chemins de fer, sans le secours
de la vapeur.*

(Brevet d'invention de dix années, accordé le 20 février 1839, au sieur Henri Van Malders, cultivateur,
à Osselt.)

Un moulin à vent ordinaire est solidement fixé sur le bâti de la locomotive qui doit entraîner tout le convoi. La marche de la voiture détermine l'action impulsive de l'air en repos contre les ailes du moulin à vent rapidement emporté. Les ailes tournent, et par la combinaison d'engrenages, ce mouvement est communiqué aux roues motrices de la locomotive.

Nouvelle machine à fabriquer à froid les cercles de fer des roues des voitures.

(Brevet de perfectionnement de cinq années, accordé le 21 janvier 1847, au sieur Delbecke, à Courtrai.)

La barre de fer qui doit être courbée à froid est appuyée par les bouts sur deux cylindres cannelés. Un troisième rouleau ou cylindre vient s'appuyer au-dessus de la barre en son milieu ; et des vis de pression permettent de faire descendre ce rouleau de manière à courber à volonté la partie de la barre soutenue par les deux cylindres cannelés. Ces trois rouleaux peuvent être mis en mouvement au moyen d'engrenages convenables, et toute la barre est contrainte de passer lentement entre les trois rouleaux et à se courber en cercle.

*Appareil dit : Parachute, destiné à prévenir les accidents qui résultent de la rupture
des essieux.*

(Brevet d'invention de dix années, accordé le 28 février 1841, au sieur Meranguel, hôtel de Luxembourg,
à Bruxelles.)

L'appareil proposé n'est qu'un second essieu adapté, au moyen d'un manchon, à l'essieu ordinaire, de telle manière que cet essieu additionnel ne fonctionne que lorsque le premier vient à se rompre.

*Perfectionnements dans les machines locomotives, dans les voitures, supports des rails
et roues employées sur les chemins de fer, ainsi que dans les machines servant à la
construction d'une partie de ces perfectionnements.*

(Brevet d'importation de cinq années, accordé le 1er septembre 1841, au sieur D. Clark, marché aux Poulets,
n° 1, à Bruxelles.)

Les inventions décrites par le titulaire portent sur les points suivants : 1° distribution du découper, des droites que l'on mesure avec la *longueur d'invention*, et l'on établit des figures *semblables*.

Procédé perfectionné de fabrication des cols cravattes en tissu de crin dit : Batiste de crin.

(Brevet d'invention de dix années, accordé le 30 avril 1838, au sieur Ch. Hegle, rue d'Or, n° 13, à Bruxelles.)

On donne de la souplesse et du brillant aux étoffes de crin, destinées à la confection des cols, en les frottant pendant une heure avec une éponge imbibée d'huile d'amandes douces, sur une pierre convenablement chauffée.

Nouveau système de boutons à racines.

(Brevet d'invention de dix années, accordé le 17 avril 1840, au sieur Floride Heindryckx, rue Botanique, n° 25, faubourg de Laeken-lez-Bruxelles.)

Ces boutons, formés de substances métalliques ou autres, sont munis d'un petit appendice tubulaire en métal qu'on aplatit en place, de sorte que l'étoffe se trouve serrée entre le bouton et cet appendice.

Tirant de sous-pied.

(Brevet d'invention de cinq années, accordé le 31 décembre 1840, au sieur Planque Bury, rue de la Colline, n° 17, à Bruxelles.)

On coud au pantalon une petite lame métallique percée de trous convenables et que l'auteur appelle tirant du sous-pied. Cette lame est munie de trois creux dans lesquels viennent glisser et se loger les boutons à deux têtes qui sont attachés au sous-pied.

Chaise percée, pot de nuit, latrine et pissoir inodores.

(Brevet d'invention de dix années, accordé le 5 février 1840, au sieur Nolle, rue du Musée, n° 9, à Bruxelles.)

Ces appareils, dits à fermeture hydraulique, ne se distinguent de ceux de l'espèce que par le couvercle dont le bord entre dans une rainure circulaire qui contient un peu d'eau, pour empêcher les gaz de s'échapper dans les appartements.

Soulier dont la semelle est sans couture.

(Brevet d'invention de dix années, accordé le 15 septembre 1840, au sieur Detry, dit Chinq Slosse, bottier, rue de la Paille, n° 6, à Bruxelles.)

Dans ce genre de souliers l'empeigne est rentrée entre les deux parties de la semelle, et des pointes en bois attachent ces pièces ensemble et remplacent ainsi la couture.

Améliorations dans les objets qui servent pour attacher les vêtements.

(Brevet d'invention de dix années, accordé le 26 août 1841, au sieur H.-H. Browne, à Bruxelles, hôtel du Lion Belge, chez le sieur Detry, son mandataire.)

Ces objets de toilette consistent, 1° dans un bouton renfermant, entre deux disques, deux poids de la locomotive sur les roues, à l'effet de rendre le frottement plus ou moins grand ; 2° appareil de résistance ou moyen d'enrayer ; 3° arrêt et sifflement au moyen d'un appareil ajouté à la locomotive et consistant en un cylindre dans lequel se meut un piston qui agit sur l'air en le comprimant, et en frottoirs articulés ; 4° chaîne de jonction élastique et flexible ; 5° supports des rails (les coussinets sont garnis de bois à leur fond et les clavettes sont également en bois) ; 6° nouvelle construction des roues ; 7° machine pour la confection des roues.

Mémoire contenant des détails dignes d'intérêt.

Nouvelle voiture à vapeur destinée à parcourir les routes ordinaires pavées.

(Brevet d'invention de dix années, accordé le 24 mai 1832, au sieur A.-E. Dietz, à Bruxelles.)

La machine à vapeur est solidement fixée sur la voiture, et au moyen de deux bielles verticales, agissant sur les manivelles de deux petites poulies ; une double chaîne à la Vaucanson fait tourner des poulies plus grandes fixées sur l'essieu des grandes roues de la voiture. — La chaudière portée sur la même voiture est traversée par plusieurs tuyaux ou conduits de fumée, et un ventilateur, mû par la machine, donne plus d'activité au tirage de la cheminée et à la combustion.

Train télégraphique destiné à faciliter la circulation des wagons sur les courbes des chemins de fer.

(Brevet d'invention de quinze années, accordé le 10 septembre 1839, au sieur Bouvier, rue de Notre-Seigneur, n° 5, à Bruxelles.)

Les wagons sont réunis par deux barres en croix attachées aux points extrêmes des châssis des voitures. — Ces barres peuvent tourner dans des chevilles ouvrières ou articulations, et sont destinées à maintenir l'essieu du wagon dans la direction du rayon de courbure de la voie ferrée.

Machine destinée à serrer les roues des voitures dans les rampes par le mouvement du cheval.

(Brevet d'invention de cinq années, accordé le 11 juin 1841, au sieur T.-J. Dumoulin, rue sur Meuse, n° 12, à Liége.)

Le cheval, en résistant à une rapide descente, s'appuie sur une pièce qui serre un frein contre les roues. — Ce mouvement est exécuté par un levier qui tire une double tringle à l'extrémité de laquelle sont les freins qui agissent sur les roues.

Appareil dit : Déblayeur, destiné à enlever tous les obstacles qui pourraient entraver la marche des convois sur les chemins de fer.

(Brevet d'invention de cinq années, accordé le 12 janvier 1840, au sieur J.-F. Dugniolle, Petit-Sablon, n° 21, à Bruxelles.)

Cet appareil est composé de deux bras qui s'étendent en avant de la locomotive, et portent même sur les rails par une petite roue. — Ils sont munis d'une espèce de soc et d'un balai.

Voiture dite : Remorqueur à vapeur.

(Brevet d'invention de dix années, accordé le 3 avril 1834, au sieur J.-C. Dietz, faubourg d'Anvers, à Bruxelles.)

Sous une chaudière à tubes, dont la force de vaporisation est accrue par un ventilateur à palettes établi dans la cheminée même, sont disposés à peu près horizontalement, comme dans les machines locomotives, les deux cylindres des machines à vapeur qui mettent en mouvement une poulie principale.—Celle-ci, au moyen d'une chaîne à la Vaucanson, fait tourner une poulie plus grande, dans l'axe de laquelle est fixé l'essieu des deux grandes roues de la voiture dite *remorqueur*. — Deux roues plus petites tournent en avant sur un essieu plus court, fixé lui-même à un arbre vertical que le conducteur manœuvre à volonté pour déterminer la direction de la marche.

Améliorations dans la construction des fourneaux des locomotives.

(Brevet d'invention de quinze années, accordé le 25 mars 1840, aux sieurs Robertson, Hayward et Obert, chaussée d'Etterbeck, n° 152, à Ixelles.)

L'invention consiste à établir au-dessous de la grille des foyers des machines locomotives ou fixes, des conduits planes ou courbes et inclinés de manière à recevoir la chaleur rayonnant vers le cendrier. C'est à travers ces passages que circule et s'échauffe l'air d'alimentation avant d'arriver dans le foyer.

Système de tourillon sans frottement ni graissage, et système de roues locomotives à ressorts propres à rendre fixe l'essieu moteur.

(Brevet d'invention de dix années, accordé le 30 septembre 1839, au sieur Th^re Lemielle, à Liége.)

Cette invention consiste à entourer tout le tourillon d'une sorte de chapelet ou série de petits rouleaux tous parallèles au tourillon. — Par là la rotation de l'essieu ou de l'arbre fait rouler tous ces galets dans le coussinet et change la nature du frottement. — On remplace également les rais rigides des roues des locomotives par autant de rais flexibles, composés de lames courbées formant ressorts.

Perfectionnements aux moyens de prévenir, sur les chemins de fer, les accidents occasionnés par le choc de deux convois.

(Brevet d'importation de cinq années, accordé le 19 juillet 1841, au sieur Dixon, hôtel de Groenendael, à Bruxelles.)

Le moyen proposé renferme trois points principaux. Le premier consiste à disposer, sur le côté du rail extérieur à la voie, un levier composé qui est mis en mouvement par la pression qu'exercent sur une de ses extrémités, les roues des voitures des convois ; ce levier agit sur d'autres pièces qui, à chaque passage, font retomber dans la direction verticale les aiguilles d'une horloge, lesquelles par conséquent marquent douze heures.

Elles reprennent ensuite leur marche ordinaire jusqu'à nouveau choc, de sorte que l'heure qu'elles indiquent à l'arrivée du second convoi près de l'horloge est le temps écoulé depuis le dernier passage. En second lieu, l'horloge par son mouvement fait exécuter une révolution entière en douze heures, et une translation sur son axe de un huitième de son épaisseur en vingt-quatre heures à un barillet recouvert de papier collé, sur lequel sont marquées les heures et les minutes. Ce cylindre reçoit à chaque passage la piqûre d'une pointe d'acier que l'appareil fait mouvoir, et il sert ainsi de second indicateur et de vérificateur constant. Enfin, un levier semblable au premier et distant de quatre cents mètres, fait mouvoir les soupapes d'un réservoir à air comprimé qui s'échappe par de longs tuyaux pour aller aux deux extrémités soulever des pistons dont les tiges font jouer des signaux, qui avertissent le conducteur du convoi arrivant si un accident a arrêté le convoi précédent dans le trajet d'un indicateur à un autre.

Perfectionnements dans la construction des roues et des axes des roues des locomotives, wagons, etc., en usage sur les chemins de fer.

(Brevet d'invention de quinze années, accordé le 16 mai 1840, au sieur Haddan, rue des Carrières, n° 5, à Bruxelles.)

On peut faire les rais des roues employées sur les chemins de fer avec du fer forgé; mais éviter que ce fer ne reçoive une pression debout. — Pour cela on dispose les barres courbées de manière qu'elles arqueboutent les unes contre les autres; et diverses dispositions peuvent être employées. Les essieux peuvent être composés de deux pièces, dont l'une étant un cylindre plein tournera dans l'autre faite en cylindre creux. Par là les roues d'une même paire cessent d'être dépendantes l'une de l'autre, et se prêtent mieux au passage des courbes.

Procédé applicable à toute espèce de voiture, servant à empêcher que le bruit du train et du roulement de la voiture ne pénètre dans l'intérieur de la caisse.

(Brevet d'invention de cinq années, accordé le 31 août 1840, au sieur Janssens, Montagne-aux-Herbes-Potagères, n° 25, à Bruxelles.)

On peut épargner au voyageur le bruit du roulement des roues sur les routes pavées, en posant la caisse de la voiture sur une sorte de matelas composé de matières végétales ou animales peu élastiques. La caisse est fixée aux pièces ainsi matelassées par des boulons de fer entourés eux-mêmes d'une matière impropre à transmettre les vibrations sonores.

Voiture dite : Steen wagon, servant à la fois pour les chemins de fer et pour les routes ordinaires.

Brevet d'invention de dix années, accordé le 22 décembre 1840, au sieur Dugniolle, docteur en médecine, place du Petit-Sablon, n° 21, à Bruxelles.)

Les roues de ce wagon sont à jante cylindrique et n'ont point de rebords. Lorsque les voitures doivent rouler sur chemin de fer, deux tringles presque verticales et fixées par le haut à un encadrement solide, s'abaissent du côté intérieur contre chaque roue, en dépassant de quelques centimètres le cercle de la roue, et font office de rebords. Ces voitures peuvent ainsi circuler successivement sur les routes pavées et sur les chemins de fer.

Procédé servant à monter et à descendre les plans inclinés des chemins de fer sans le secours d'aucune machine à vapeur stationnaire.

(Brevet d'invention de quinze années, accordé le 16 mars 1841, aux sieurs Henvaux et Demanet, hôtel de la Clef d'Or, à Bruxelles.)

En adaptant au train d'une locomotive un tambour mû par les manivelles des roues, et sur lequel un câble enroulé d'un double tour est tendu par un cabestan à une extrémité, et fixé par l'autre au sommet du plan incliné, on détermine l'ascension du convoi.

Nouveau système de remorqueur, destiné à faciliter la locomotion des wagons sur des plans inclinés, lignes courbes et lignes brisées.

(Brevet d'invention de dix années, accordé le 31 octobre 1840, au sieur Sauvage, rue des Sols, n° 10, à Bruxelles.)

Un système d'engrenage mis en mouvement par la machine à vapeur d'une houillère, guide un câble jusqu'au fond de la bure. Des poulies de renvoi, convenablement disposées, font mouvoir dans les galeries un système de cordes sans fin, auxquelles sont attachés les wagons qui tous transportent la houille du fond des travaux jusqu'au sommet du puits d'extraction.

Perfectionnements à introduire dans les voitures à l'usage du transport des voyageurs sur les chemins de fer, et nouveaux siéges à employer dans ces voitures, etc.

(Brevet d'importation de cinq années, accordé le 25 mars 1841, au sieur Nicholson, à St-Josse-ten-Noode, rue des Arts, n° 139.)

L'inventeur propose une nouvelle construction de voitures, dans lesquelles les siéges ou banquettes sont munis d'un mécanisme qui les relève par l'action de ressorts, dès que le voyageur cesse d'être assis. — Les fenêtres sont munies de toiles métalliques qui empêchent le passage de la poussière et des charbons.

Perfectionnements apportés à une locomotive servant à monter et à descendre les plans inclinés sans le secours des machines fixes.

(Brevet de perfectionnement de quinze années, accordé le 16 mai 1841, aux sieurs Demanet et Henvaux, à Bruxelles, hôtel de la Clef-d'Or.)

Les inventeurs attachent le convoi à deux cordes disposées parallèlement aux rails et qui, après avoir passé chacune sur la gorge d'une poulie directrice, vont se réunir sur une poulie centrale d'où elles sont enroulées sur l'arbre d'un cabestan. La double corde doit donner plus de sécurité à la marche du convoi et prévenir les inconvénients de la torsion de la corde unique enroulée plusieurs tours sur la poulie de frottement.

Nouvelle locomotive marchant sans le secours de la vapeur ou de chevaux.

(Brevet d'invention de quinze années, accordé le 29 mai 1841, au sieur Jh. Vandervelpen, à Anvers, son 1re, n° 2210.)

Cette locomotive consiste en une sorte de mécanisme composé d'un balancier mis en mouvement à bras d'homme. Ce balancier fait tourner une roue munie de ressorts destinée à donner de la force aux engrenages qui commandent la rotation des roues de la locomotive. L'invention a pour objet de substituer la force de deux hommes à celle de la vapeur, pour la traction des convois sur les chemins de fer.

Perfectionnements dans la construction des roues et des axes des roues des locomotives, déjà brevetés le 16 mai 1840.

(Brevet de perfectionnement de quinze années, à partir du 16 mai 1840, accordé le 30 juillet 1841, au sieur Haddan, rue Royale extérieure, n° 58, à St-Josse-ten-Noode.)

Les rais des roues sont faits de barres de fer forgé, combinés de diverses manières, et entre les courbures desquelles sont enfoncés des coins en bois ou en *papier-mâché.* — L'inventeur dispose également un cercle de bois au-dessus du cercle de fer qui doit terminer la roue et s'appuyer sur le rail.

La forme de la courbure simple ou composée des rais qui unissent le moyeu de la roue au cercle extrême, est choisie de manière à obtenir à la fois la solidité et l'élasticité désirables.

Perfectionnements apportés aux voitures dites : Affiches roulantes.

(Brevet de perfectionnement de dix années, à partir du 17 juillet 1839, accordé le 14 mars 1840, au sieur Jules Asseman, rue de Notre-Seigneur, n° 15, à Bruxelles.)

L'appareil est une petite voiture que l'on conduit à la main, et dont les panneaux très-élevés sont couverts d'affiches ; elle porte en outre une espèce de girouette à plusieurs bandes rayonnantes, où sont inscrits les noms des différents pays auxquels les affiches se rapportent.

Nouveau moyen d'empêcher les fuites dans les joints des tubes de locomotives.

(Brevet d'invention de dix années, accordé le 14 décembre 1840, au sieur Dominc, rue Royale, n° 53, à Bruxelles.)

Les tubes de cuivre qui traversent les chaudières à parois plates des locomotives, perdent souvent leur adhérence à ces parois, et il en résulte des fuites de vapeur. On obvie à cet inconvénient en creusant une rainure circulaire dans l'épaisseur de la plaque de la chaudière, dans laquelle rainure on fait entrer un bourrelet par la percussion en dedans du tube, et cette même rainure sera encore pourvue d'un filet d'amiante. — Les bords extérieurs du tube seront rabattus comme à l'ordinaire.

Perfectionnements dans la construction des voitures à deux roues dites : Cabriolets de sûreté.

(Brevet d'importation de cinq années, accordé le 19 juillet 1841, aux sieurs Dolby et Swoboda, Montagne de la Cour, n° 53, à Bruxelles.)

A ce nouveau cabriolet se trouvent adaptés des pièces de fer qui servent de marchepied et qui descendent assez bas pour soutenir la voiture en cas d'accident. — Le siége du cocher est placé derrière la voiture, et une fenêtre pour aérer, de nouvelle construction, est ouverte ou fermée par le cocher suivant le besoin.

QUATORZIÈME CATÉGORIE.

Mors de bride sans gourmette, dit : Mors à effet certain.

(Brevet d'invention de dix années, accordé le 26 décembre 1838, au sieur J.-F. Galy, sous-lieutenant à la 13e batterie d'artillerie, à Louvain.)

Ce mors, de forme ordinaire, est muni à ses extrémités supérieures de ressorts qui agissent sur les bouts des deux branches formant levier, et modèrent l'action du mors lors de la traction des rênes de la bride.

Procédé propre à fabriquer tout vase de capacité en tôle, sans soudure, dont la confection a lieu au moyen d'un balancier.

(Brevet d'invention de dix années, accordé le 30 septembre 1839, au sieur J.-B.-H. Mouzon, chaudronnier, à Liége, rue du Vert-Bois, no 328.)

Ces vases de tôle emboutie se fabriquent au moyen d'une puissante presse à vis, dont l'action, s'exerçant sur des mandrins placés sur la tôle, la force à entrer dans le moule et à en prendre la forme.

Amélioration dans la fabrication des parapluies et des parasols.

(Brevet d'invention de quinze années, à partir du 13 juillet 1837, accordé le 14 décembre 1838, au sieur Alex. Cochrane, place de Louvain, no 5, à Bruxelles.)

Le manche creux du parapluie est enveloppé au-dessous de l'anneau de jonction des baleines, d'un ressort en hélice, sous lequel un tube glissant à frottement est guidé par un rivet engagé dans une rainure, de manière qu'en poussant ou en tirant le tube, on ouvre ou l'on ferme le parapluie.

Toupet d'un nouveau genre.

(Brevet d'invention de cinq années, accordé le 11 juin 1836, au sieur César Duprêt, à Tournay.)

Dans ce nouveau genre de toupet, les ressorts métalliques sont remplacés par un système de rubans ou bandelettes, tendues convenablement par une agrafe.

Perfectionnements apportés à un système de lit double.

(Brevet de perfectionnement de cinq années, accordé le 26 août 1841, au sieur Pelsener, ébéniste, rue de l'Étuve, no 42, à Bruxelles.)

Un lit dont le fond forme un matelas élastique, a ses dossiers et ses planches de côté attachés à charnières, de manière qu'on peut les replier sur le matelas; dans cet état on le glisse dans une capacité ménagée sous un second lit plus grand dont la planche de devant est mobile, et se soulève pour laisser passer le lit ployé.

Bottes d'une seule pièce, sauf la semelle.

(Brevet d'invention de dix années, accordé le 19 janvier 1832, au sieur Henri Vannot, bottier, à Bruxelles.)

En découpant le cuir conformément au dessin que donne l'inventeur, on peut faire une botte d'une seule pièce, à l'exception de la semelle.

Nouveau genre de perruques et de toupets implantés sur tulle.

(Brevet d'importation et de perfectionnement de cinq années, accordé le 15 janvier 1841, au sieur Deschiros, coiffeur, longue rue de l'Écuyer, n° 10, à Bruxelles.)

Dans ce genre de perruques, on remplace la majeure partie des tresses, qu'on cousait au tulle, par des mèches de cheveux, nouées à l'aide d'un crochet; ce qui rend la perruque plus légère.

Améliorations et perfectionnements apportés dans la fabrication des chapeaux feutrés.

(Brevet d'invention et de perfectionnement de quinze années, accordé le 27 décembre 1839, au sieur Th. Dowling, hôtel de France, à Bruxelles.)

L'invention consiste dans l'emploi des matières à confectionner les feutres de chapeaux, et dans les machines au moyen desquelles ces matières sont nettoyées, cardées et réduites en ouate et en feutre. Ainsi, par exemple, l'inventeur mêle à deux tiers de fourrure de lièvre, de laine ou de poils de bestiaux, un tiers de coton ou de bourre de soie. Ce mélange est amené dans une machine à souffler, composée de plusieurs cylindres hérissés de fil d'archal et munie de treilles ou tamis de fils métalliques livrant passage à l'air déterminé par la rapide rotation de tous ces cylindres et retenant les poils. — Le mélange convenablement préparé est formé en ouate et feutre au moyen des mêmes machines, appliquées à la fabrication des draps feutrés. — Ces machines sont composées de couples de cylindres, juxta-posées, ayant, indépendamment de leur mouvement de rotation qui entraîne la ouate en la pressant, un mouvement rapide et très-court d'oscillation dans le sens de leur axe; c'est ce double mouvement qui détermine le mélange parfait des matières et opère le feutrage. Des conduits de vapeur, munis de très-petits trous, chauffent et humectent la ouate pendant son passage entre les couples de cylindres. — Diverses machines portant des formes coniques pour recevoir le feutre achèvent, avec l'aide de la vapeur, la carcasse des chapeaux.

Pantalon perfectionné.

(Brevet d'invention de dix années, accordé le 2 mars 1840, au sieur Reper, rue de la Vierge-Noire, n° 56, à Bruxelles.)

Ce pantalon a une ceinture élastique; il est doublé d'une étoffe imperméable et la doublure est serrée vers le bas des jambes pour empêcher la circulation de l'air.

Nouvelle méthode de confectionner les chaussures de toute espèce, et tableau indicatif qui a rapport à cette méthode.

(Brevet d'invention de dix années, accordé le 19 novembre 1839, au sieur Vannot, rue de la Madeleine, n° 51, à Bruxelles.)

La méthode consiste à faire un certain nombre de formes en bois pour chaque genre de chaussure; ces formes sont établies d'après des rapports trouvés, au moyen de règles empiriques, entre les dimensions variables du pied naturel et ces formes artificielles, rapports qui permettent de confectionner des chaussures justes pour chaque individu.

Nouvelle méthode de confectionner des habits sans couture, sans basque du dos et ne formant qu'un ensemble.

(Brevet d'invention et de perfectionnement de dix années, accordé le 30 septembre 1839, aux sieurs Clément et Masbourg, tailleurs, à Ixelles.)

La méthode consiste à couper le drap selon certains angles et certaines proportions, de manière à éviter plusieurs des coutures ordinaires.

Nouveau genre de perruques.

(Brevet d'invention de dix années, accordé le 22 mars 1837, au sieur A. Turgard, coiffeur, rue des Éperonniers, n° 21, à Bruxelles.)

Dans ce genre de perruques les ressorts sont remplacés par des rubans, et le contour de la tête est formé d'une toile imperméable, à laquelle on donne la forme sur un moule ayant les dimensions de la tête de la personne à qui la perruque est destinée.

Procédé de fabrication de chapeaux dits : Incassables.

(Brevet d'invention et de perfectionnement de dix années, accordé le 16 mai 1839, au sieur G.-F. Nys, marché aux Charbons, n° 86, à Bruxelles.)

D'après ce procédé le chapeau fabriqué en poil de lièvre est recouvert d'un tissu de soie, huit pinces légères en fer-blanc sont incrustées dans ses parois, l'adhésion du feutre s'obtient au moyen d'un mastic appliqué à chaud et composé de : gomme arabique, une livre, — solution de carbonate de soude, trois litres, — acide acétique, un litre, — sandaraque, galipot et cire jaune, deux onces chacun, — térébenthine de Venise, une once, et essence de térébenthine, un demi-litre. — La soie est collée au moyen d'un vernis composé d'un demi-litre d'alcool, deux onces de gomme laque et un blanc d'œuf. On achève le chapeau par les manipulations ordinaires.

Système théorique perfectionné, applicable à la coupe des habits.

(Brevet de perfectionnement de dix années, accordé le 28 mai 1838, au sieur Charles Peeters, maître tailleur, rue de la Fourche, n° 48, à Bruxelles.)

Au moyen de certaines mesures de longueur que l'inventeur appelle mesures d'invention, on réduit toutes les dimensions d'un habit modèle à celles qui conviennent à une autre taille plus grande ou plus petite. — On tire de certains points variables selon l'objet à portions de fil de métal placées en croix ; des ouvertures laissent passer autour d'elles le fil qui sert à coudre le bouton ; 2° dans une épingle ou broche filetée avec sa chaînette portant un écrou.

Nouvelle méthode servant à confectionner des boucles d'oreilles dites : Pendeloques doubles.

(Brevet d'invention de dix années, accordé le 6 août 1840, au sieur Ch. Fusnot, rue Christine, n° 14, à Bruxelles.)

La fabrication de ces boucles d'oreilles exigeait l'emploi de douze poinçons ; l'inventeur propose de prendre l'empreinte d'une des boucles d'oreilles sur du plâtre et de couler quatre poinçons en fer qui suffiraient pour ce genre de fabrication.

Nouveau système de chaussure dit : Brodequins sans couture sur le cou-de-pied.

(Brevet d'invention de cinq années, accordé le 6 août 1840, au sieur Detry, dit Chinque aîné, bottier, rue de la Paille, n° 20, à Bruxelles.)

En découpant l'étoffe destinée aux brodequins, suivant un dessin présenté par l'inventeur, on supprime la couture qui se trouve ordinairement sur le devant du pied.

Nouvelle forme de pantalon sans bouton.

(Brevet d'invention de dix années, accordé le 27 août 1840, au sieur Lecat, rue Montagne des Aveugles, n° 5, à Bruxelles.)

En appliquant aux pantalons un système de courroies à boucles et de lacets, l'inventeur s'est proposé de supprimer les boutons.

Col de chemise à ressorts d'acier.

(Brevet d'invention de cinq années, accordé le 5 octobre 1842, à la dame Fleury, négociante, passage Lemonier, n° 27, à Liége.)

Ce col est formé d'un cercle d'acier, divisé en quatre parties rattachées par de petits clous. Les deux extrémités s'agrafent l'une à l'autre et le cercle est placé dans un col d'étoffe.

Nouvelle méthode de confectionner et de réparer les lits de plumes et les matelas en crin, laine, etc.

(Brevet d'invention de dix années, accordé le 31 décembre 1840, au sieur H.-J. Petry Verday, à Huy.)

Sur une table inclinée et couverte d'une claie on dépose les plumes, le crin ou la laine que l'on veut préparer ou purifier, et l'on soumet ces substances à l'action d'un arçon, en même temps on les expose à l'action de la chaleur et de la vapeur pour détruire les insectes qui les attaquent.

Nouveau genre de bandage herniaire, crural, inguinal et ombilical.

(Brevet d'invention de cinq années, accordé le 5 avril 1837, au sieur A. Biondetti, bandagiste, rue Middeler, n° 2, à Bruxelles.)

Les perfectionnements consistent en doubles ressorts, ressorts proportionnés, et formes nouvelles destinées à faciliter l'usage des bandages à pelottes, à les simplifier et à rendre l'action plus sûre et plus commode.

Garde-robe inodore mobile et portative.

(Brevet d'invention de cinq années, accordé le 25 septembre 1837, au sieur A. Magnée, plombier, rue de l'Étuve, n° 43, à Bruxelles.)

Emploi d'un bassin à fond mobile, s'ouvrant par le choc d'un courant d'eau que l'on fait arriver pour le nettoyer. — Un contre-poids ramène à sa place le fond mobile, et une petite quantité d'eau établit une fermeture exacte.

Perfectionnements apportés à une garde-robe inodore, déjà brevetés le 25 septembre 1837.

(Brevet de perfectionnement de cinq années, à partir du 25 septembre 1837, accordé le 9 février 1838, au sieur A. Magnée, rue de l'Étuve, n° 43, à Bruxelles.)

Au moyen d'un seul mécanisme on abaisse la valvule ou fond mobile, et l'on fait arriver l'eau nécessaire au nettoyage.

Fabrication de suppositoires et de capsules gélatineuses saccharo-gommeuses.

(Brevet d'importation et de perfectionnement de cinq années, accordé le 19 avril 1838, au sieur Jn-Michel Descordes Gauthier, pharmacien, rue de Bodenbroek, n° 22, à Bruxelles.)

On fabrique les capsules gélatineuses saccharo-gommeuses en mêlant douze onces de gélatine blanche à une once et demie et trois gros de sucre blanc et à une once et six gros de gomme arabique. On fait dissoudre dans l'eau, on concentre au bain-marie jusqu'à consistance de miel, alors on trempe dans ce mélange des moules en acier tournés, sur lesquels la matière se refroidit bientôt et dont elle se détache facilement. On fait des suppositoires à peu près de la même manière.

SECTION C. — OBJETS DIVERS.

Appareil nommé : Insecto-mortifère.

(Brevet d'invention de dix années, accordé le 6 juin 1839, au sieur Descordes Gauthier, à St-Josse-ten-Noode, rue de la Forge, n° 166.)

Cet appareil est une petite bouilloire où l'on fait chauffer de l'acide acétique; elle est munie d'un tube destiné à diriger la vapeur acide là où se trouvent des insectes nuisibles.

Procédé varié de trois manières propres à la transmission des idées des sourds-muets.

(Brevet d'invention de cinq années, accordé le 8 mars 1837, au sieur G.-J. Ruth, à Diekirch.)

Le procédé consiste à disposer autour d'un axe une série de languettes portant chacune une lettre et réunissant ainsi plusieurs alphabets. L'ensemble de ces languettes forme une espèce d'éventail que le sourd-muet tient à la main; et l'on conçoit qu'en arrangeant dans un certain ordre lesdites languettes, il puisse composer des mots et se faire comprendre.

Procédé mécanique servant à bourrer les divers éléments pyrotechniques entrant dans la composition des feux d'artifices.

(Brevet d'invention de quinze années, accordé le 28 février 1841, au sieur Froëlich, major d'artillerie, à Gand.)

Cette machine consiste dans une presse à vis qu'on fait agir au moyen de leviers horizontaux; au plateau supérieur sont suspendues des baguettes de pression, et dans le châssis inférieur on a pratiqué des cavités cylindriques, pour recevoir les cartonnages renfermant les charges à comprimer pour former les fusées, les lances et les autres pièces d'artifice. Cette presse est munie d'une échelle régulatrice de la pression.

Nouveau meuble dit : Meuble à expectorer.

(Brevet d'invention de cinq années, accordé le 24 janvier 1839, au sieur L.-C. Trouliez, rue de la Braie, n° 2, à Bruxelles.)

Ce meuble est formé d'une caisse portée sur des pieds et qu'on peut ouvrir en appuyant la main sur une tige à manivelle, ou en posant le pied sur une pédale. Le couvercle se remet en place par l'action d'un ressort.

Procédé de fabrication du carton amadou phosphorique dit : Cigares light.

(Brevet d'invention de dix années, accordé le 30 septembre 1839, au sieur Pre Kopczinski, rue du Cheval Noir, n° 4, à Molenbeek-St-Jean.)

Ce procédé consiste à tremper du carton dans une dissolution de nitrate de potasse, et si l'on désire ensuite en faire des amorces pour cigares, on taille le carton en petites bandes dont un bout est enduit de pâte phosphorique.

— 93 —

Cigares à percussion.

(Brevet d'invention de dix années, accordé le 30 juin 1840, aux sieurs Gautier, Incolle, Vermorcken et Reisgen, rue d'Or, n° 18, à Bruxelles.)

On applique au bout des cigares un morceau d'amadou sur lequel est déposée une goutte d'un mélange de gomme et de phosphore. — Ce corps doit s'enflammer par le frottement et allumer le cigare.

Coffre-fort avec serrure à secret, à l'épreuve de l'incendie.

(Brevet d'invention de dix années, accordé le 14 octobre 1840, au sieur A.-L. Toussaint, rue de l'Arbre, son 1re, n° 1, à Bruxelles.)

L'invention consiste, 1° à renfermer le coffre-fort proprement dit dans une seconde caisse assez grande pour isoler ce coffre-fort à plus de 12 centimètres de la paroi extérieure ; 2° à disposer, d'après une combinaison donnée, des arrêts ou pointes fixes qui, introduits entre les dents des crémaillères qui terminent les quatre pènes de la serrure, les empêchent de reculer et d'ouvrir la porte du coffre-fort.

Application des ressorts dits : à bandelettes d'acier, dans la confection des coussinets pour meubles, ou tous autres objets où l'élasticité est employée.

(Brevet d'invention et de perfectionnement de dix années, accordé le 16 octobre 1839, au sieur Raulin, chez le sieur Piau, passage de la Monnaie, à Bruxelles.)

Différents arrangements de lames d'acier élastiques pour remplacer les ressorts à boudins, dans la construction des coussins de meubles. — L'épaisseur de ces lames varie entre 2 et 4 millimètres et leur largeur de 5 à 15 centimètres ; leur longueur dépend des dimensions du meuble.

Siéges confortables de jardin et de pavillon.

(Brevet d'importation de cinq années, à partir du 20 septembre 1840, accordé le 6 mai 1842, au sieur Jean Aubagnac, rue de la Madeleine, n° 67, à Bruxelles.)

Le dossier de ces chaises et fauteuils de jardin peut être renversé en avant sur le siége, de manière à le préserver de la pluie et de la poussière. Des ressorts à boudins cachés dans l'épaisseur des deux montants de ce dossier et à travers lesquels passe une tringle munie de charnières, permettent de relever le dossier et le maintiennent dans une position convenable.

Nouvelle méthode servant à abréger l'étude de l'arithmétique.

(Brevet d'invention de dix années, accordé le 12 octobre 1840, au sieur Ode, boulevard de Waterloo, n° 34, à Bruxelles.)

Des cahiers sont imprimés en caractères de forme manuscrite, et présentent des opérations d'arithmétique à effectuer, ainsi il y a des cahiers d'addition, de soustraction, etc. — Cette invention a pour but d'économiser le temps et le papier, et l'auteur la regarde comme propre à faciliter l'étude de l'arithmétique.

Appareil servant à envelopper et à conserver les couleurs à l'huile des peintres et autres substances.

(Brevet d'importation de cinq années, accordé le 25 octobre 1841, au sieur John Rand, à Bruxelles, hôtel de Groenendael.)

Le procédé proposé consiste dans l'emploi de capsules et de tubes métalliques pour renfermer et conserver les couleurs à l'huile et d'autres substances, que l'on veut soustraire à l'action de l'air. Le métal dont on fait choix doit être assez malléable pour céder à la pression des doigts, et doit aussi ne pas avoir d'action chimique sur la substance. Ces vases se forment soit en rapprochant et repliant les bords au moyen d'une pince, soit au moyen d'un goulot qu'on bouche par un écrou. Les matières peu fluides y sont introduites par l'action d'une presse à vis.